내 주를 가까이

내 주를 가까이
Reaching out

초판 발행: 1992년 10월 30일
2쇄 발행: 2000년 3월 6일
3쇄 발행: 2003년 12월 20일
저자: 헨리 나우웬
역자: 엄성옥
발행처: 도서출판 은성
등록: 1974년 12월 9일 제9-66호
주소: 서울 동작구 상도5동 126-60
전화: 02-824-8000
팩스: 02-813-9072
http://eunsungpub.co.kr
e-mail: hermits@chollian.net

출판 및 판매에 관한 모든 권한은 본 출판사가 소유하고 있습니다. 출판사의 사전 서면 허락 없이 상업적인 목적으로 번역, 재제작, 인용, 촬영, 녹음 등을 할 수 없음을 알려드립니다.

Printed in Korea
ISBN 89-7236-030-9 33230

Reaching Out

by
Henri J. M. Nouwen

translated by
Eum Sung Ok

내 주를 가까이

헨리 나우웬 지음
엄성옥 옮김

목차

머리말/ 9

서론/ 13

제1부 내적 자아와의 관계: 고독에서 독거로의 이동/ 19
제1장 숨 막히는 고독/ 21
제2장 독거가 지닌 수용성/ 37
제3장 창조적인 반응/ 51

제2부 인간들과의 관계: 적개심에서 환대로의 이동/ 67
제4장 낯선 이들을 위한 공간 창조/ 69
제5장 환대의 형태/ 85
제6장 환대와 선한 주인/ 111

제3부 하나님과의 관계: 망상에서 기도로의 이동/ 123
제7장 기도와 인간의 유한성/ 125
제8장 마음의 기도/ 149
제9장 공동체와 기도/ 169

끝맺는 말/ 183

주/ 185

머리말

이 책은 "예수 그리스도의 영 안에서 산다는 것은 무엇을 의미하는가?"라는 질문에 대한 답변이다. 그러므로 이 책은 개개인을 위하여 저술된 책이라고 할 수 있다. 본서는 필자 자신이 과거에 경험하였고 또 현재도 겪고 있는 내적 투쟁을 기초로 하여 저술한 것이다. 이러한 내적 투쟁이 심화되어 투쟁의 근원으로 들어감에 따라, 나는 이 투쟁에 동참할 수 있는 경지에 이를 수 있게 되었다. 이 책은 어떤 해답이나 해결책을 주는 것이 아니라, 다만 진정한 기독교의 영성을 추구하는 일에 기울이는 노력과 수고 자체가 의미있는 일이라고 생각되어 쓴 책이다. 왜냐하면 우리는 영성을 추구하는 과정에서 소망과 용기와 확신을 주는 표적을 발견할 수 있기 때문이다.

지난 몇 해 동안 나는 영성 및 영성 생활에 대한 많은 서적을 읽었고, 많은 영적 지도자들의 강연을 들어 보았으며, 또 여러 공동체를 방문하면서 많은 것을 배웠다. 그러나 결국 부모나 교사들이나 상담자들이 우리에게 해줄 수 있는 일이란 고작해야 자유롭고 호의적인 장소를 제공하여 그곳에서 우리 자신의 고독한 길을 발견해낼 수 있게 해주는 일뿐이라는 것을 알게 되었다.

나는 자립해야 하는 일에 대한 깊은 두려움 때문에 계

속 이 사람 저 사람, 이 책 저 책, 이 학교 저 학교를 찾아다니며 나 자신의 생활에 대한 책임을 지는 수고를 피하려 했던 것 같다. 물론 그것은 가능한 일이다. 그러나 그보다 중요한 것은 "너는 나를 누구라 하느냐?"는 질문에 대해 "어떤 사람은 이렇게 말하고 또 어떤 사람은 저렇게 말합니다"라고 말하지 않고, 나 자신의 견해를 밝혀야 할 때가 온 것 같다는 사실이다(막 8:27-20을 보라).

영성 생활에 대한 질문은 매우 도전적이며 삶의 핵심을 다룬다. 또 그 질문은 당신으로 하여금 선한 것이든 악한 것이든, 생명이든 죽음이든, 인간이든 하나님이든 모든 것을 당연한 것으로 여기지 못하게 한다. 그렇기 때문에, 이 질문은 내면적으로는 자신의 문제이면서 동시에 다른 사람들의 지도를 필요로 하는 문제이다. 지극히 개인적인 결정을 내릴 때에 가장 커다란 도움이 필요하다. 그런 까닭에 여러 해 동안 교육을 받았으며 많은 사람들의 충고와 조언을 받았음에도 불구하고, 나는 여전히 단테처럼 "나는 삶의 한복판에서 나 자신이 어두운 숲속에 있음을 발견한다"(『신곡』)고 말하는 것이다. 이 체험은 즐거우면서도 동시에 두려운 것이었다. 왜냐하면 그것은 홀로 서 있는 존재로서 이 세상에서 홀로 거하며 하나님 앞에 홀로 서는 위대한 경험이기 때문이다.

나의 생명은 내 것이기도 하지만 어떤 의미에서는 이웃의 생명도 되며, 내게 매우 특별하다고 생각되는 경험이 실상은 평범한 인간사에 뿌리를 두고 있다는 확신을 가지고 있기 때문에 나는 이 책을 쓰기로 했다.

이 책의 내용을 한 마디로 정의한다면, 영성 생활이란 우리의 내적 자아에게, 동료 인간들에게, 그리고 하나님에게까지 이르려는 것이다. 따라서 "접촉을 위한 노력"이란 표현이 책의 의도와 분위기를 가장 잘 나타내는 표현일 것이다. 우리는 소란스럽고 때로는 혼란한 삶 속에서 담대할 정도로 정직하게 자신의 내적 자아와 접촉하며, 집요한 관심을 가지고 동료 인간들과 접촉하며, 기도로 하나님과 접촉하라는 부르심을 받고 있다. 그렇게 하려면 우리 자신의 내면의 불안정함, 이웃을 향한 복합적인 감정들, 하나님의 부재에 대한 뿌리 깊은 의심들을 직접적으로 대면하고 탐색해 내야 한다.

이와 같은 개인적인 배경이 깔려 있기 때문에 나는 이 책을 저술하는 일을 망설여왔다. 나 자신이 자주 정욕과 연약함에 빠져 지내면서 어찌 다른 사람들에게 내면의 자아와 이웃과 하나님에게 이르기 위해 노력하라고 말할 수 있겠는가? 나는 7세기의 엄격한 금욕주의자인 십자가의 요한—그는 40년 동안 시내 산에서 고독한 생활을 하며 살았던 인물이다—의 말에서 위로와 격려를 받았다. 그는 자신의 『영적 십자가』의 제26단계, 분별에 관한 글에서 다음과 같이 기록했다.

> 만일 과거의 악습에 사로잡혀 지내면서 말로만 가르치는 사람이 있다면, 그로 하여금 계속 가르치게 내버려 두라. 아마 그는 자신의 말로 인하여 수치를 당할 것이며, 그 결과 자신이 가르치는 것을 실천하기 시작할 것이다.[1]

이 말은 나의 염려를 없애주고 나로 하여금 자유로이 하나님 및 하나님의 형상과 모양으로 지음을 받은 사람들과 접촉하라는 위대한 소명을 기술하게 만들기에 충분했다.

서론

발전, 진보, 성취를 중시하는 사회에서는 영성 생활에 대하여 공통적으로 몇 가지 질문이 제기된다. 즉, "나는 얼마만큼 진보했는가? 나는 영성 생활을 시작한 이후 얼마나 성장했는가? 나는 지금 어느 단계에 와 있으며, 어떻게 해야 다음 단계로 갈 수 있는가? 나는 언제쯤 하나님과 연합하며 영적 조명을 체험하게 될 것인가?"

이러한 질문 자체는 무의미한 것은 아니지만, 이러한 질문이 성공 지향적인 사회를 배경으로 할 때에는 위험한 것이다. 많은 위대한 성인들은 자신의 종교 체험을 기술했으며, 그보다 조금 덜 위대한 성인들은 이들의 경험을 몇 가지 단계나 수준이나 상태로 체계화하려 했다. 이렇게 체계화하는 것은 책을 쓰는 사람들이나 가르치는 사람들에게는 도움이 될 수 있다. 그러나 우리가 영혼의 삶에 대해 말할 때에는 이 유한한 세상을 잊는 것도 중요하다. 나에게는 다음과 같은 일이 있었다.

성인이 되고 나서 여러 해 후, 나는 스스로에게 "기독교인으로서의 나는 지금 어떤 위치에 있는가?"라고 물었다. 그 때 나에게는 낙관주의로 흐를 이유도 있고 비관주의로 흐를 이유도 있었다. 20년 동안 투쟁해왔음에도 불구하고 아직 더 싸워야 할 싸움이 있었다. 나는 여전히 내적 평화, 이웃들과의 창조적 관계, 그리고 신 체험 등을 추구하고 있었다. 그러나 과거 몇 년 동안에 발생한 약간의 심리학적 변화가 나를 다소나마 신령한 사람으로 만들어 주었는지는 나 자신은 물론 아무도 알 수 없었다.

우리가 분명하게 말할 수 있는 것이 한 가지가 있으니, 즉 우리는 온갖 근심과 걱정을 하며 사는 동안 자신의 삶이 양극 사이에서 주저하며 긴장 상태에 놓여 있다는 것을 알 수 있다. 이 양극은 우리로 하여금 영성 생활에 대해 말할 수 있게 해준다. 예수 그리스도의 영 안에 있는 삶을 살려고 노력하는 사람이라면 누구나 이것들을 인식할 수 있기 때문이다.

첫째 양극성은 우리와 우리 자신과의 관계를 다룬다. 그것은 고독함과 독거 사이의 관계이다. 둘째 양극성은 타인과 우리와의 관계의 기초를 형성한다. 이것은 적대감과 환대라는 양극 사이의 관계이다. 세번째는 가장 중요한 것으로서 우리와 하나님과의 관계를 구성하는 것이다. 이것은 망상과 기도라는 양극 사이의 것이다. 우리는 세상에 살아가면서 뼈저린 고독을 느끼기도 하지만 심령이 진정 혼자되기를 바라고 있다는 것을 알게 된다. 우리는 이웃에 대해서 지독한 적대감을 느끼기도 하지만 조건없는 호감을 갖고 이웃을 받아들이고자 한다는 것 또한 깨닫게 된다. 그리고 이 모든 것의 근저에서 우리로 하여금 마치 운명의 주인이나 되는 것처럼 행동하게 하는 끝없는 망상을 발견할 뿐만 아니라, 우리의 내면 깊숙이 숨겨져 있는 기도의 은사 또한 발견한다.

그러므로 영성 생활이란 끊임없이 고독과 독거, 적대감과 환대, 망상과 기도라는 양극단 사이에서 활동하는 것이다. 우리가 자신의 고독과 적개심과 망상을 고백하면 할수록, 더욱 더 독거와 호의와 기도를 삶의 이상으로 여길 수 있게 된다. 되돌아 볼 과거가 없을 때보다도 여러 해를 살아온 후에 더 큰 고독과 적개심을 느끼며 망상으로 가득 차기도 하지만, 이 모든 고통은 우리의 존재 양식인 독거와 환대와 기도에 이르게 하는 깊고 예리한 면을 갖고 있다는 것을 이전보다 더 잘 알게 된다.

그러므로 영성 생활에 대해 표현하는 것은 마치 필름에서 사진을 인화하는 것과 같다. 아마 고독의 체험이 우리로 하여금 여기에서 독거라는 단어를 처음으로 쓰게 하는 듯하다. 또 적대적인 자아와의 충격적인 대면 때문에 적대감이라는 단어를 선택하여 그것에 대해 말하게 되는 듯하다. 우리가 지니고 있는 망상들을 발견해 내지 못하는 한, 인간의 소명인 기도에 대해 이야기할 엄두도 내지 못할 것이다.

종종 어두운 숲은 우리로 하여금 확 트인 벌판에 대해 이야기하게 만든다. 감옥은 자유를 생각하게 만들어 주며, 배고픔은 음식의 고마움을 느끼게 해주며, 전쟁은 평화를 보증해준다. 장래에 대한 우리의 이상은 우리가 현재 겪는 고통에서 비롯되며, 이웃을 위한 우리의 소망은 우리 자신의 절망에서 비롯되는 경우가 많다. "행복한 종말"이 우리를 행복하게 만들어 주는 경우는 극히 드물다. 반면에 어떤 사람이 삶의 모호성과 불확실성과 고통스러운 상태를 세심하고 진솔하게 표현할 때, 듣는 사람이 새로운 소망을 얻는 일이 종종 있다. 역설적으로 옛 생활의 고통에서 새 생활이 탄생하는 것이다.

예수님의 생활은 영성 생활에 이르는 우회 도로가 없다는 것을 분명하게 보여준다. 고독이나 적개심이나 망상 등을 회피하는 한, 우리는 결코 독거와 환대와 기도에 이르지 못할 것이다. 옛 생활의 한복판에서 발견할 수 있는 새 생명을 우리가 충분히 인식하게 될런지 우리는 확실히 알 수 없다. 아마 우리는 고독과 적개심 속에서 죽어 무덤에까지 망상을 가지고 갈 수도 있을 것이다. 많은 사람들이 그렇게 행하는 듯하다. 그러나 예수께서는 우리에게 자기 십자가를 지고 예수님을 좇으라고 말씀하셨는데(막 8:34), 이것은 우리 자신의 손상되고 죄악된 상태를 초월하여 우리의 자아와 이웃과 하나님에게까지 이르며, 우리를 위해 예비된 위대한 것들을 암시해주는 삶을 구체화하라는 초청이다.

영성 생활이란 무엇보다도 우리를 긴장 상태에 붙들어 놓고 있는 내적 극성들을 인식하는 것을 의미한다는 확신 때문에, 나는 이 책을 세 부분으로 나누었다. 각 부분들은 상이한 영성 생활의 추이를 나타낸다. 첫째 추이는 고독에서 독거로의 움직임으로서, 주로 우리의 경험과 관련된 영성 생활에 초점을 둔다. 둘째는 적개심으로부터 환대로의 움직임으로서, 이웃을 위한 삶으로서의 영성 생활을 다룬다. 셋째는 망상으로부터 기도로의 움직임으로서 모든 영성 생활, 즉 하나님께 대한 우리의 관계의 원천이 되는 지극히 귀하고 신비한 관계이다.

이러한 움직임들이 분명하게 구분되지 않는다는 것은 구태여 강조할 필요는 없다. 어떤 주제들은 한 가지 이상의 움직임 속에서 다양한 색조로 나타나며, 때로는 하나의 교향곡 안에 포함된 여러 악장들처럼 한 움직임에서 다른 움직임으로 흘러 들어가기도 한다. 다행히도 그러한 구분들은 우리로 하여금 영성 생활의 여러 가지 상이한 요소들을 인식하도록 도와주며, 그럼으로써 우리의 내적 자아와 이웃과 하나님을 접촉하기 위해 노력할 수 있도록 용기를 북돋아 준다.

제1단계
내적 자아와의 관계:
고독에서 독거로의 이동

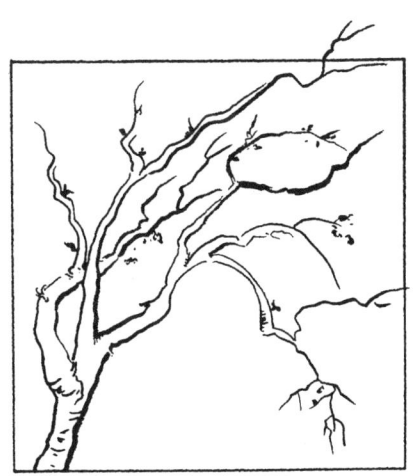

숨막히는 고독

경쟁과 단란

고독이란 고통스러운 체험이므로 자원하여 고독하게 된다는 것은 결코 쉽지 않은 일이다. 인간은 고독으로부터 멀리 떨어지기를 원한다. 그러나 누구나 살아가는 동안 언젠가는 고독을 경험하게 된다. 어린 시절 학급 친구들이 당신의 눈이 사팔뜨기라고 놀릴 때, 혹은 소년 시절 야구 선수 선발에서 탈락되었을 때에 당신은 고독을 느꼈을 것이다. 또 기숙사에서 고향을 그리워할 때나 당신의 능력으로는 고칠 수 없는 터무니 없는 규칙을 대할 때에 고독을 느꼈을 것이다. 또 대학에서 학점에만 관심을 갖지 않는 좋은 친구를 발견하지 못할 때, 또는 서클의 회원들이 당신의 의견에 전혀 주의를 기울이지 않을 때 당신은 고독을 느꼈을 것이다. 또 교사인 당신이 애써 준비한 강의에 학생들이 전혀 반응을 나타내지 않을 때, 또는 목사인 당신이 애써 준비하여 설교를 하는데 교인들이 꾸벅꾸벅 졸 때, 고독을 느꼈을 것이다. 날마다 간부 회의, 위원회, 협의회에 참여하는 동안, 사무실에서 근무하는 동안, 단조로운 육체 노동을 하는 동안, 혹은 책을 읽다가 흥미를 느끼지 못하여 그만 둘 때에 당신은 고독을 느낄 것이다.

사람들은 누구나 기이한 내적 고통, 정신적 굶주림, 우리로 하여금 "나는 고독하다"라고 말하게 만드는 불안정한 상태를 경험했던 상황을 회상할 수 있다. 고독이란 지극히 보편적인 인간의 경험 중 하나이다. 그러나 현대 서방 사회 사람들은 고독을 지나치게 느끼고 있다.

최근 나는 뉴욕을 여행하는 동안 다음과 같은 메모를 남겼다.

> 나는 지하철을 탔다. 내 주위에는 신문을 보거나 공상의 세계에 빠져버린 사람들로 가득했다. 아무도 낯선 사람과 이야기하지 않는다. 순찰을 도는 경관은 사람들이 서로를 도우려 하지 않는다고 나에게 말해준다. 그러나 전철 안에 부착된 광고에는 젊고 아름다운 남녀가 포옹하고 있는 모습, 달리는 보트 안에서 사람들이 서로를 바라보며 웃고 있는 모습, 말을 탄 탐험가들이 서로를 격려하는 모습, 햇볕이 내리쬐는 해변에서 뛰노는 어린 아이들의 모습, 비행기와 배에서 손님들을 위해 봉사하는 매력적인 아가씨들의 모습을 볼 수 있었다. 지하철이 어두운 터널을 지나 다른 터널로 들어갔다. 나는 돈지갑에 신경을 쓰고 있었다. 그런데 그 때 나의 두려운 세계를 장식하고 있는 말들과 형상들은 사랑과 온유함과 친절함, 그리고 가식이 없이 시원스러운 사람들의 기분 좋은 연합에 대해 말했다.

현대 사회는 우리로 하여금 고독을 뼈저리게 느끼게 만든다. 우리는 가장 가까운 친족 관계까지도 경쟁 관계가 되어버린 세상에 살고 있다는 것을 갈수록 절실하게 느낀다. 그에 따른 필연적 결과 중의 하나가 외설 문학이다. 그것은 남녀간의 성행위를 판매하는 것이다. 매춘굴에서는 많은 고독한 청년이나 장년들이 자신을 알아보는 사람이 있을까봐 두려워하면서도 낯선 여인과의 성행위를 통해 자신의 고독을 해소하려는 생각으로 여인들의 나체 사진을 말 없이 응시하고 있다. 거리에는 생존을 위한 모진 투쟁의 외침이 있다. 창녀촌도 손님을 끌려는 여인들의 소리로 떠들썩하다.

오늘날 고독은 가장 보편적인 고통의 원천 중 하나이다. 정신병 의사들과 임상 심리학자들의 말에 의하면, 고독은 가장 빈번하게 표현되는 불평이며, 갈수록 증가하고 있는 자살을 비롯하여 알콜 중독, 마약 중독, 기타 심신증(心身症)의 징후들—두통, 복통, 요통 등—의 근원이며, 또 많은 교통 사고의 근본 원인이라고 주장한다. 어린이, 청년, 성인, 노인을 막론하고 모든 사람이 날이 갈수록 더욱 고독이라는 전염병에 감염되어 가고 있다. 왜냐하면 그들은 경쟁적인 개인주의 사회에서 살면서 통합과 일치와 공동체를 이상으로 삼고 추구해야 한다고 부르짖는 문화와 절충하려고 노력해야 하기 때문이다.

우리가 파티나 다정한 친구들의 모임에 참석해서도 공허하고 슬프게 느끼는 이유는 무엇인가? 아마 그런 모임에 참석한 사람들 사이에도 깊은 경쟁 의식, 혹은 무의식적인 경쟁 의식이 있기 때문에 서로 자신의 마음을 털어 놓지 못하며, 그들의 관계가 파티가 끝난 후까지 지속되지 못하기 때문일 것이다. 우리가 항상 환영을 받는 곳에서는 우리의 부재가 그다지 문제가 되지 않는다. 또 누구든지 참석할 수 있는 모임에서는 어떤 한 사람이 참석하지 않는다고 해도 특별히 안타까워 하지 않을 것이다. 일반적으로 파티에서는 음식이 풍성하게 제공된다. 그러나 사람들은 기꺼이 그 음식을 나누어 먹으면서도 서로 공감대를 형성하지 못하며, 파티에 참석하기 전보다 더 깊은 고독을 느끼며 집으로 돌아가는 경우가 흔히 있다.

일반적으로 우리가 사용하는 언어는 결코 고독을 시사하지 않는다. "어서 오십시오. 만나서 반갑습니다…제 친구를 소개하겠습니다. 그는 당신을 만나게 된 것을 기뻐할 것입니다…당신에 대해 말씀은 많이 들었는데, 이렇게 만나 뵙게 되어 정말 기쁩니다…당신의 말씀은 무척 재미있습니다. 다른 사람들도 들었으면 얼마나 좋을까요…당신과 함께 이야기를 나누게 되어 참으로 영광스럽습니다…다시 만나게 되기를 바랍니다. 언제 오셔도 환영입니다. 친구를 데리고 오셔도 좋습니다…다시 오십시오."

이런 말들은 친밀하고 허물없는 사이가 되기를 바라는 소원을 드러내지만 또한 우리 사회에서는 안타깝게도 우리의 고독을 치료하지 못하고 있음을 드러내 주는 말이다. 왜냐하면 우리는 아무도 들어올 수 없는 곳에서 진정한 고독을 느끼기 때문이다. 고독의 뿌리는 매우 깊기 때문에 낙관적 광고나 사랑의 대용품 이미지들이나 사회적 협력으로는 치유될 수 없다.

고독은 우리에게 조건 없이 사랑을 제공하고 돌보아 주는 사람이 없으며 연약한 우리가 이용당하지 않을 수 있는 곳이 없다는 의심을 먹고 자란다. 만일 날마다 당하는 많은 사소한 거부 행위들—빈정거리는 미소, 무례한 비평, 강력한 거부, 견디기 어려운 침묵—이 우리로 하여금 "아는 자들이 내게서 멀리 떠나고 내가 홀로 어두운 곳"에 (시 88편 참조) 남겨지는 것에 대한 근본적이고 인간적인 두려움을 일으키지만 않는다면, 그것들은 비교적 무해하며 그다지 관심을 둘 가치가 없다.

고독의 회피

근본적인 고독은 우리를 위협하며, 직접 대면하기 어렵다. 우리는 홀로 거하는 것을 피하기 위해서라면 무슨 일이든 하려 하며, 이러한 상태를 상기하는 일을 피하기 위해 교묘한 방안들을 만들어낼 수도 있다. 우리 문화에는 고통을 피하는 기술이 고도로 발달되어 있다. 물론 여기에는 육체적 고통 뿐만 아니라 감정적이고 정신적인 고통도 포함된다. 우리는 죽은 자들을 매장할 때에 마치 그들이 아직 살아 있는 것처럼 행하며, 우리의 고통들이 실제로 존재하지 않는다는 듯이 땅에 묻는다. 우리는 이러한 마취 상태에 익숙해져 있기 때문에 우리의 주의를 산만하게 하는 사물이나 사람이 없으면 오히려 당황한다.

성취해야 할 일, 방문해야 할 친구, 읽을 책, 텔레비전, 라디오 등이 없거나, 혹 홀로 있을 때 우리의 근본적이고 인간적인 고독이 모습을 드러낸다. 우리는 사방에서 스며드는 고독을 느끼는 것이 두려워서 바쁘게 살기 위해 온갖 일을 행하며, 결국 모든 것이 훌륭하다고 믿게 만들어 줄 게임을 한다. 존 레넌은 "너 자신의 고통을 느껴 보라"고 말했는데, 그것은 참으로 어려운 일이다!

1973년 TV 교육 방송에서는 캘리포니아 주 산타바바라에 사는 어느 가족의 생활을 다룬 이야기를 시리즈로 방영하였다. "어느 미국 가정의 이야기"라는 제목의 이 프로그램에서는 라우드(Loud) 부부와 다섯 자녀의 일상 생활을 솔직하고 정직하게 묘사하였다. 이 평범한 가정에서 벌어지는 사건들—여기에는 부모의 이혼 및 맏아들의 동성 연애도 포함된다—은 많은 시청자들에게 충격을 주었다.

어느 가정의 일이든 자세히 분석해 보면 이 가정과 마

찬가지로 충격적일 것이다. 이 영화는 그 가정의 가족들 모두의 허락을 받아 제작된 것으로서 이 가정이 미국인들에게 하나의 본보기가 될 수 있다는 망상을 드러냈을 뿐 아니라 어떤 대가를 치르더라도 고통을 피하려는 우리의 성향을 잘 나타내고 있다. 그들은 괴로운 문제점들은 언급하지 않았으며 난처한 상황들은 단도직입적으로 거부했다. 그 가정의 주부 패트는 "나는 나를 불편하게 만드는 것들을 좋아하지 않는다"라고 말하는데, 이것을 이러한 태도를 가장 잘 나타내는 말이다. 그러나 이처럼 고통을 피한 일에 따른 결과는 18살짜리 아들의 말에 잘 나타난다. 그는 "여러분은 일곱 명의 고독한 사람들이 서로를 사랑하려고 필사적으로 노력하지만 성공하지 못하는 것을 보고 있습니다"라고 말했다.

    라우드의 가정은 결코 특별하지 않다. 서로 사랑하려고 필사적으로 노력하지만 성공하지 못하는 고독한 사람들이 가득한 사회에서 그 가정은 여러 면에서 평범한 가정이라는 것은 쉽게 알 수 있다. 이렇게 된 커다란 원인은 우리가 자신의 고독을 대면하지 못하는 데 있지 않을까?

    우리가 고독에서 도망치려 하며, 사람들로부터, 혹은 특별한 체험으로부터 도피하려는 것은 자신이 처한 인간적 곤경을 현실적으로 다루는 태도가 못된다. 우리는 충족되지 못한 많은 갈망으로 인해 고통스러워 하며, 결코 충족될 수 없는 소원과 기대 때문에 괴로움을 당하여 불행해질 위험에 처해 있다. 우리가 고독과 만날 때에 창조성이 발휘된다. 그런데 이러한 고독과의 만남에 대한 두려움이 우리의 자아 표현을 제한하는 것이 아닐까?

    나는 글을 쓸 때에는 내 생각을 원고지에 옮겨 적기 전에 다른 책을 참고하고픈 마음을 억제하고 책상 앞에 앉는다. 바쁜 하루를 보낸 후, 나만의 자유 시간을 가질 때 면, 나는 전화를 걸거나 우편함을 열어 보거나 혹은 친구를 찾아가 하루의 나머지 시간을 보내고픈 생각과 싸운다. 바쁜 하루에 대해 생각할 때에 때때로 강의, 세미나, 회의, 작성하고 실행해야 할 것들, 기록하고 읽어 보아야 할 서류, 치러야 할 시험 등으로 가득찬 교육 계획이 하나의 소일거리로서 간혹 기분 좋게 여겨지기도 하지만, 일반적으로는 나 자신의 탐색과 연구의 으뜸가는 원천이 되어야 할 고독한 자아를 대면하지 못하게 하는 것이 아닌가 의아하게 생각할 때가 있다.

도로우(Henry David Thoreau)는 이로 인해 영위하게 되는 피상적인 삶을 다음과 같이 생생하게 묘사했다.

> 우리의 삶이 내면적이고 개인적인 것이 되지 못할 때, 우리가 나누는 대화는 잡담으로 전락하고 만다. 우리가 만나는 사람들이 전해주는 소식들은 거의 모두 신문에서 읽은 것이거나 이웃에게서 들은 것들이다. 우리와 우리 동료의 차이점이란 단지 그는 신문을 읽었거나 이웃과 차를 나누며 이야기를 했으나 우리는 그렇지 못하다는 것에 불과하다. 우리는 내면 생활이 쇠퇴하는 데 비례하여 더욱 결사적으로 끊임없이 우체국으로 가게 된다. 자신의 폭넓은 서신 거래를 자랑으로 여기며 많은 편지를 가지고 도망치는 가련한 사람은 그만큼 오랫동안 자신의 내면에서 들려오는 소리를 듣지 못한 사람이라고 생각해도 좋다.[1]

학교가 행해야 할 으뜸되는 과업은 우리 자신 및 우리가 살고 있는 세계를 보다 잘 이해하기 위한 자유 시간을 제공하는 특권을 보호하고 지키는 것이다. "*schola*"라는 라틴어는 자유 시간을 의미한다. 자유 시간이 진정한 자유 시간이 되도록 하며, 교육이 또 다른 형태의 경쟁 상태로 전락하지 않도록 지키는 것은 참으로 어려운 싸움이다.

그러나 문제는 우리가 자유를 원하면서 동시에 그것을 두려워 한다는 데 있다. 이 두려움은 우리로 하여금 고독을 참아내지 못하게 만들며, 때가 되지도 않았는데 서둘러 "궁극적인 해결책"인 듯이 보이는 것을 붙잡게 만든다.

궁극적 해결책이 지닌 위험성

이 세상에는 많은 정신적 고통이 있다. 그러나 그 중에는 우리 각 사람이 상대방의 고독을 제거하라는 소명을 받았다는 그릇된 생각에서 비롯된 고통도 있다. 고독하다고 해서 자기 자신에게서 벗어나 삶의 동반자들의 품에 안기는 것은 곧 고통스러운 혈연 관계, 피곤한 우정, 질식할 것 같은 포옹으로 자신을 몰고 가는 것이다. 고통과 이별이 없는 곳, 온갖 인간적인 불안이 내적 평화로 변화되는 곳이나 순간을 기다리는 것은 꿈의 세계를 기다리는 것이다.

친구나 연인, 남편이나 아내, 공동체나 공동 생활 촌 등 그 무엇도 일치와 하나됨을 원하는 우리의 심오한 갈망들을 충족시키지는 못할 것이다. 그리고 우리는 다른 사람들에게 이와 같은 신적 기대들—우리 자신도 부분적으로밖에 알지 못하는 것—이라는 짐을 지게 함으로써 자유로운 우정과 사랑의 표현을 금지하며, 불완전하다거나 연약하다는 느낌을 불러 일으킨다. 마음 졸이며 상대방에게 매달릴 때에는 우정과 사랑이 발전할 수 없다. 서로 오고 갈 수 있는 두려움 없는 공간이 있어야 우정과 사랑이 발전할 수 있다. 함께 거하면 고독하지 않을 것이라는 소망 때문에 하나로 뭉치는 한 우리는 일치, 내적 평온, 방해받지 않는 교제 등을 누리고픈 비현실적이고 충족되지 못하는 소원으로 인하여 서로를 질책하게 된다.

때때로 가족들 간의 애정 결핍으로 인해 깊어진 고독으로 고통하는 사람들은 자신의 고통을 해소할 궁극적인 해결책을 찾으려 하며, 새 친구나 새 연인을 바라보며 메시아에 대한 기대를 갖고서 새 공동체를 바라보는 일이 있는데, 이것은 참으로 안타까운 일이다. 그들은 정신적으로는 자신의 자기 기만을 알고 있으면서도, 마음으로는 "아마 이번에는 내가 알고서 찾던 것이나 알지 못한채 찾던 것을 발견해낼 것이다"라고 말한다.

자신의 부모 형제와 더불어 괴로운 관계를 유지해온 사람들이 사태가 완전히 바뀔 것이라는 희망을 갖고서 광범위한 결과들을 지닌 관계 속에 맹목적으로 돌입하는 것은 참으로 놀라운 일이다. 많은 알력과 언쟁, 고소(告訴)와 반소(反訴), 분노를 표현하는 순간과 억제하는 순간들, 질투를 나타내는 순간과 나타내지 않는 순간들은 이처럼 갑작스레 돌입한 관계들의 일부인 경우가 종종 있으며, 한 사람이 다른 사람의 고독을 제거해 주어야만 한다는 그릇된 주장 안에서 그 근원을 발견할 수는 없다.

실제로 "궁극적인 해결책"을 얻고픈 욕망은 종종 불륜 관계를 시작하게 만드는 파괴적인 폭력 행위의 기초가 되기도 한다. 대부분의 경우 이 폭력은 생각의 폭력으로서 의심, 내적 잡담, 보복적인 환상들로 정신을 유린한다. 그러나 때로는 책망과 불평 등 평화를 어지럽히는 말에 의해 행해지기도 하며, 간혹 해로운 행동이라는 위험한 형태를 취하는 경우도 있다. 인간 관계에 있어서 폭행은 지극히 파괴적이다. 왜냐하면 그것은 상대방에게 해를 끼칠 뿐만 아니라, 받는 것이 점점 적어질 때에 더 많은 것을 요구하는 악한 사회에 자아를 몰아넣기 때문이다.

우리는 다양한 형태의 육체적, 정신적, 정서적 접촉을 통하여 자신의 교제 능력 및 경험을 용감하게 계발할 수 있으며 대인 관계에 있어서 감수성이 강조되는 시대에 살고 있으며, 자신이 느끼는 고독과 슬픔은 단지 상호간의 솔직함이 결여된 징조에 불과하다고 믿고픈 유혹을 받기도 한다. 이것이 사실인 경우도 있으며, 많은 감수성의 중추들은 인간의 상호 작용 범위를 확장하는 데 귀한 공헌을 하기도 한다. 그러나 상대방에 대한 진정한 솔직함은 진정한 친밀함을 의미하기도 한다. 왜냐하면 비밀을 안전하게 지킬 수 있는 사람만이 안전하게 자신의 지식을 나누어줄 수 있기 때문이다.

우리가 자신의 내적 신비를 보호하지 않는다면, 우리는 결코 공동체를 형성할 수 없을 것이다. 이러한 내적 신비가 우리로 하여금 서로에게 끌리게 하며, 우정을 형성하며, 영원한 사랑의 관계들을 개발하게 만들어준다. 사람들 사이의 절친한 관계는 상호간의 솔직함 뿐만 아니라 상대방의 특이함을 존중하고 보호해줄 것을 요구한다.

함께 거하되 너무 가까이는 가지 말라

전혀 숨기는 것 없이 모든 것을 말하고 표현하고 전달해야 한다고 주장하는 것은 그릇된 형태의 정직이다. 이러한 정직은 대단히 해로운 것이며, 해롭지 않다 해도 최소한 상호간의 관계를 단조롭고 피상적이고 공허하며 때로는 지루한 것으로 만든다. 우리가 한계를 정하지 않은 채 어떤 환경을 만들어냄으로써 자신의 고독을 떨쳐버리려 하면, 우리들 상호간의 친밀함이 활기를 잃게 될 수도 있다. 우리 자신을 보호하기 위해서 뿐만 아니라 우리와 창조적인 교제를 나누기를 원하는 사람들에게 봉사하기 위해서 자신의 내면의 성소를 드러내는 것과 같이 해로운 일을 막아야 한다.

침묵에서 떠오르지 않은 말은 그 힘을 상실하듯이, 닫을 능력이 없으면서 마음을 개방하는 것은 무의미한 일이다. 세상에는 헛된 잡담, 쉽게 내뱉는 고백, 내실 없는 담화, 무의미한 찬사, 어설픈 칭찬, 따분한 비밀들로 가득하다. 저명 인사들의 사생활에 관한 비밀과 은밀한 사건들을 제공해줄 수 있다고 암시함으로써 돈을 벌어들이는 잡지들이 무척 많다. 그러한 잡지들은 건전치 못한 자기 선전벽(宣傳癖) 때문에 단조로운 삶을 사는 사람들에 대한 따분하고 하찮은 일들이나 거만한 특성들을 제공한다.

미국인의 생활 방식은 폐쇄적인 방향으로 흐르는 듯하다. 처음 이 나라에 왔을 때, 사람들의 개방적인 생활 방식을 보고 놀랐었다. 학교나 기관들이나 사무실에서 모든 사람들이 개방적으로 일했다. 나는 비서들이 타자를 치는 모습, 교사들이 강의를 하는 모습, 관리들이 책상에서 일하는 모습, 독자들이 책을 읽는 모습 등을 볼 수 있었다. 마치 모든 사람들이 "언제든 망설이지 말고 들어와 참견하세요"라고 말하는 것 같았다. 대부분의 대화도 역시 개방적인 특성을 지니고 있었다. 마치 사람들에게 전혀 비밀이 없어 자신의 재정 상태에서부터 시작하여 성생활에 이르기까지 어느 분야에 대한 질문이라도 기꺼이 받아들이려는 것 같이 느껴졌다.

첫 인상은 그러했지만, 그 후 자주 대하면서 겉으로 드러난 것만큼 개방적이지 못하다는 느낌을 받았다. 그러나 지금도 폐쇄성은 그다지 널리 찾아볼 수 없다. 그러므로 자기 생활의 비밀을 보호해주는 한계를 정하려면 특별한 노력을 기울여야 한다. 다양하게 나타난 자신의 소외 상태를 절실하게 의식하는 시기에는, 우리가 체험하는 고독을 치료할 궁극적인 해결책이 인간적인 단란함 속에서 발견될 수 있다는 것이 환상이라는 것을 폭로하기가 어렵다. 많은 부부들이 이러한 환상 때문에 고통을 겪고 있음을 쉽게 찾아 볼 수 있다. 그들은 "어느 곳에도 소속되지 못했다"는 고통스러운 느낌을 몰아낼 수 있는 결합을 바라고 결혼 생활을 시작하여, 육체적으로나 심리적으로 완전한 조화를 이루기 위해 필사적인 노력을 계속한다. 그러나 많은 사람들은 결혼 관계 속에서 특정의 친밀함을 감지하는 것이 대단히 어렵다고 느끼며, 상호간의 친밀함으로 말미암아 항상 상대방에 대해 새롭고 놀라운 것을 발견하게 해주는 범주들을 만들어 내는 방법을 알지 못한다. 부부가 서로에게 집착하지 않으면서도 상대방의 생활 범주의 안팎에서 호의적으로 활동할 수 있게 해주는 보호적인 한계들을 원하는 욕망이 존재한다는 것은 결혼식에서 인용되는 카힐리 지브란(Kahili Gibran)의 말에서 분명히 나타난다.

> 그대들은 함께 노래하고 춤추며 즐거워하라
> 그러나 각기 따로 거하라
> 하아프로 음악을 연주할 때 그 모든 현들이 함께 울리지만
> 결국 현들은 독립된 것이 아닌가?
> 함께 서되 너무 가까이 서지 말라
> 신전의 기둥들은 서로 떨어져 있으며
> 떡갈나무와 삼나무는
> 각기 상대방의 그늘 아래서는 자라나지 못하는 것

이다.[2]

사막에서 동산으로

그렇다면 우리가 심각하게 의식하는 근본적인 고독을 우리는 어떻게 다루어야 하는가? 우정이나 사랑, 결혼이나 공동체 등 그 무엇도 그 고독을 제거할 수 없다는 것은 어떤 의미인가? 때때로 망상이 실체보다 더 오래 지속될 수 있다. 그런데 어찌 우리가 포옹하여 그 품 안에서 우리의 긴장된 몸과 정신이 깊은 안식의 순간을 발견하며 잠시나마 이해와 영접을 받는 체험을 누릴 수 있는 대상을 찾으며 고독 속에서 크게 소리치고픈 욕망을 따르지 않겠는가? 이것은 어려운 질문이다. 왜냐하면 이 질문들은 우리의 상한 마음에서 솟아나오는 것이기 때문이다.

그러나 비록 이 질문들이 어려운 것일지라도, 우리는 이 질문들에 귀를 기울여야 한다. 어려운 길이란 전환의 길, 즉 고독에서 독거로 전환하는 길이다. 우리는 고독에서 도망치며 그것을 잊거나 부인하려 하기보다 그것을 보호하며 결실이 있는 독거로 전환해야 한다. 영성 생활을 하기 위해서 우리는 먼저 고독이라는 사막으로 들어가서 온유하고 끈질긴 노력으로 그것을 독거라는 동산으로 바꾸려는 용기를 발견해내야만 한다.

이렇게 하는 데는 용기 뿐만 아니라 강력한 믿음도 필요하다. 메마르고 황량한 사막이 다양한 꽃들을 피울 수 있다고 믿을 수 없듯이, 우리의 고독 속에 감추인 아름다움이 있다고 상상하기도 어렵다. 그러나 고독을 버리고 독거로 이동하는 것이야말로 영성 생활의 시작이다. 왜냐하면 그것은 불안한 의식 상태로부터 편안한 정신으로, 표면 지향적 갈망에서부터 내면 지향적 탐색으로, 두려움에서 비롯된 집착에서부터 두려움 없는 활동으로의 이동이기 때문이다.

최근에 어느 젊은 학생이 자신의 체험을 회상하며 다음과 같은 글을 썼다.

고독이 치명적인 종말이 아닌 출발점, 무덤이 아닌 새로운 창조, 깊은 심연이 아닌 만남의 장소가 될 수 있는 가능성을 지니고 나에게 임할 때에, 나는 시간의 속박에서 벗어난다. 그리하여 나는 이제 기회를 상실할까 두려워 미친듯이 활동하는 생활을 그만두게 된다.

이것이 사실이라고 믿기는 쉽지 않다. 종종 우리는 자신의 짐을 벗겨주고 고독에서 해방시켜 줄 것이라는 은밀한 기대를 가지고서 자신의 문제들을 가지고 훌륭한 사람들을 찾아간다. 흔히 그들은 일시적인 위안은 준다. 그러나 우리가 다시 홀로 있게 되면 동일한 고통이 보다 강력하게 재발한다. 그러나 때로 우리는 "달리지 말고 고요한 중에 침묵하라. 당신 자신의 내적 투쟁에 귀를 기울여 보라. 당신의 문제에 대한 답변은 당신 자신의 마음 속에 숨겨져 있다"고 말하는 특별한 사람을 만나기도 한다.

*Zen Flesh, Zen Bones*라는 책에 다음과 같은 이야기가 있다.

대주가 중국에 있는 스승 바소를 찾아갔다. 바소는 "너는 무엇을 구하느냐?"라고 물었다. "빛의 조명을 구합니다"라고 대주는 대답했다. 바소는 대답하기를, "너는 보물 창고를 가지고 있는데, 어찌하여 밖에서 그것을 찾느냐?"라고 물었다. 대주는 "내 보물 창고가 어디에 있습니까?"라고 물었다. 바소는 "네가 묻고 있는 것 자체가 너의 보물 창고이다"라고 대답해 주었다. 그 말을 듣고 대주는 깨달음

을 받았다. 그 후 그는 친구들에게 "네 보물 창고를 열고 보물들을 사용하라"고 권했다.[3]

진정한 영적 인도자는 우리에게 무엇을 행하라거나 누구를 찾아가라고 조언하는 사람이 아니라 우리가 홀로 거하며 직접 체험할 수 있는 기회를 제공해 주는 사람이다. 그는 우리로 하여금 자신의 메마른 땅에 약간의 물을 붓는 것은 도움이 되지 못한다는 것, 우리의 불평이라는 표면을 뚫고 속으로 깊이 들어가면 생명의 우물을 발견하게 될 것을 깨닫게 해준다.

언젠가 한 친구가 편지에 "우는 법을 배우라. 깨어 지키는 법을 배우라. 새벽을 기다리는 법을 배우라. 인간이 된다는 것은 바로 이것을 의미한다"라고 했었다. 이것을 믿는다는 것은 정말로 어려운 일이다. 왜냐하면 우리는 항상 이번에는 무언가 달라질 것이라는 희망을 가지고 사람들, 책, 사건, 경험, 계획, 프로젝트 등에 집착하기 때문이다. 우리는 끊임없이 여러 형태의 마비 상태를 체험하며, 자신의 내적 감수성을 연단하기보다는 "정신적 마비 상태"에 더 호감을 갖는다. 그러나…우리는 최소한 자신의 자기 기만을 상기하며, 이따금 병적으로 막다른 골목을 좋아한다고 고백할 수는 있다.

드물기는 하지만 우리가 엄한 교사들에게 복종하며 우리 자신의 불안한 심령이 하는 말에 귀를 기울일 때에, 우리는 슬픔의 한복판에 즐거움이 있으며 두려움의 한복판에 평화가 있으며 탐욕스러움의 한복판에 긍휼을 베풀 가능성이 있으며 지긋지긋한 고독의 한복판에서 고요한 독거의 출발점을 발견할 수 있다는 것을 깨닫기 시작할 것이다.

2
독거가 지닌 수용성

마음의 독거

우리는 자칫하면 독거(獨居)라는 단어의 의미를 오해하기 쉽다. 독거란 외딴 곳에 홀로 외롭게 거하는 것을 암시한다. 흔히 홀로 사는 사람(solitary)이라고 하면, 우리는 혼잡한 세상의 소음이 미치지 못하는 외딴 곳에 사는 수도사나 은자(隱者)를 연상한다. 사실 "독거"(solitude)라는 단어와 "외딴"(solitary)이라는 단어는 "홀로"라는 의미를 지닌 라틴어 "*solus*"에서 파생되었다. 이제까지 영성 생활을 원하는 많은 사람들이 속세를 떠나 은둔 생활을 하기 위해 외딴 곳—사막, 산—으로 들어갔다.

어떤 형태로든 소란한 세상을 떠나지 않는 한, 고독에서 독거로 이동하는 것은 불가능하다고까지는 할 수 없을지 모르나 무척 어려운 일일 것이다. 그러므로 자신의 영성 생활을 발달시키기 위해 진지하게 노력하는 사람들은, 한정된 기간일 수도 있고 다소 영구적일 수도 있으나, 홀로 거할 수 있는 장소와 환경에 매력을 느낀다. 그러나 진실로 가치 있는 독거는 마음의 독거이다. 그것은 육체적 고립에 의존하지 않는 내면의 태도, 또는 자질이다.

이러한 마음의 독거를 발달시키려면 육체적 고립이 필요하기도 하다. 그러나 이것을 영성 생활의 본질적인 면이요 수도사들이나 은자들의 특권이라고 생각하는 것은 참으로 안타까운 일이다. 큰 도시의 한 복판에서, 많은 사람들과 함께 거하는 동안, 지극히 활동적이고 생산적인 생활 속에서도 존재하고 유지되고 발달할 수 있는 인간의 능력들 중 하나가 독거라는 것을 강조하는 것이 중요한 일인 듯하다. 이러한 마음의 독거를 계발하여 온 사람은 주위 환경에서 비롯되는 바 주의를 산만하게 만드는 자극들의 영향을 받지 않고 고요한 내면의 중심에서 이 세상을 감지하고 이해할 수 있다.

우리는 주의 깊은 생활을 함으로써 고독과 독거의 차이점을 알 수 있다. 사무실이나 집이나 텅 빈 대합실에 홀로 있을 때 당신은 불안한 고독을 느낄 수도 있고, 고요한 독거를 즐길 수도 있다. 당신이 교실에서 가르치거나 강연을 청취하거나 영화를 보거나 행복하게 잡담을 하는 동안에, 당신은 고독이라는 불행한 감정을 소유할 수 있으나, 동시에 고요한 독거의 중심부로부터 말하고 듣고 주시하는 사람이 되어 깊은 만족도 느낄 수 있을 것이다. 우리의 주위 환경에서 불안함과 평안함, 쫓기는 것과 자유로움, 고독과 독거를 구분하는 것은 그다지 어려운 일이 아니다. 마음의 독거라는 태도를 지닌 사람은 다른 사람들의 말이나 세상에 주의를 기울일 수 있다. 그러나 고독이라는 감정에 사로잡혀 있는 사람은 자신의 강렬한 욕구를 즉각적으로 만족시켜줄 수 있는 평가와 사건들만 선택하려 한다.

그러나 이 세상은 고독한 사람들과 독거하는 사람들로 분명하게 구분되어 있지 않다. 우리는 매 시간, 매일, 매년

이 양극 사이를 끊임없이 오간다. 이처럼 양극 사이를 오가는 일에 있어서 우리 자신이 발휘하는 영향력은 극히 제한되어 있다.

우리의 내면 생활의 균형을 이루는 데에는 우리가 알거나 알지 못하는 많은 요인들이 작용한다. 그러나 우리가 이 양극 사이를 오가고 있다는 것을 인식하며 이처럼 긴장 상태에 있는 내면의 영역을 감지하는 능력을 발달시킬 수 있다면, 우리는 더 이상 상실감을 느끼지 않으며 자신이 지향하는 방향을 식별할 수 있다.

영성 생활의 출발점

내적 감수성의 발달이 곧 영성 생활의 출발점이다. 사람과 사람 사이의 감수성을 강조하다 보면, 자신의 내면에서 들려오는 음성에 귀를 기울이는 일을 도와 주는 감수성을 발달시켜야 한다는 것을 망각하게 되는 듯하다. 우리는 사람들이 다른 사람들에게 지원과 충고와 조언을 요청하는 것은 대체로 그들 자신의 내적 자아와의 접촉을 상실한 데서 기인하는 것이라고 생각하기도 한다. 그들은 다음과 같이 묻는다: "나는 진학해야 합니까, 취직을 해야 합니까? 의사가 되어야 합니까, 변호사가 되어야 합니까? 결혼을 해야 합니까, 아니면 독신으로 살아야 합니까? 직장을 계속 다녀야 합니까, 그만 두어야 합니까? 군대에 가야 합니까, 참전하기를 거부해야 합니까? 상사에게 복종해야 합니까, 내가 하고 싶은 대로 해야 합니까? 가난하게 살아야 합니까, 아니면 자녀들의 학비를 대기 위해 돈을 벌어야 합니까?"

이 모든 어려운 문제들과 관련하여 도움을 줄 수 있는

조언자들이 세상에는 그다지 많지 않다. 때때로 우리는 마치 이 세상 사람 전체가 동일한 어두움 속에 앉아 있으면서, 그 절반이 다른 절반에게 충고를 구하는 듯이 느낀다.

한편 우리가 불안을 느낄 때 다른 사람의 도움을 구하지 않으면, 오히려 자기 방어를 위해 다른 사람들을 대적하는 일이 종종 있다. 때로 사람들이 다른 사람들의 행동을 비난하거나 헐뜯는 것, 그들의 생활 양식을 무조건 공격하는 것 등은 그들이 소유한 확고한 신념의 징조라기보다는 자기 회의의 표시이다.

아마 어느 청년이 자신이 시인이 될 수 있겠느냐고 물었을 때, 라이너 마리아 릴케(Rainer Maria Rilke)가 해준 조언이 모든 구도자에게 주는 충고가 될 수 있을 것이다.

> 당신은 자신이 쓴 시가 훌륭하냐고 묻습니다. 당신은 지금은 나에게 묻고 있지만 과거에는 다른 사람들에게 똑같은 질문을 했습니다. 당신은 자신이 쓴 시들을 잡지사에 보내며, 그것들을 다른 시들과 비교합니다. 그러다가 편집자들이 당신의 시를 거부하면 당신은 불안을 느낍니다… 나는 당신이 그 모든 것을 포기하기를 바랍니다. 당신은 지금 표면적인 것을 바라보고 있는데, 절대로 그렇게 해서는 안됩니다. 길은 단 하나 뿐입니다. 당신의 자아 속으로 들어 가십시오. 당신으로 하여금 글을 쓰지 않고는 못 견디게 만드는 원인을 찾아 보십시오. 그것이 당신의 마음 속 깊은 곳에 뿌리를 내리는지 알아 보십시오. 그리고 만일 당신이 글을 쓰지 못하게 된다면 죽을 각오가 되어 있는지 스스로에게 물어 보십시오. 고요한 밤에 "나는 반드시 글을 써야만 하는가?"라고 물어 보십시오. 심오한 답을 찾기 위해 자신을 세밀하게 살펴 보십시오. 만일 그 대답이 긍정이라면, 만일 당신이 "나는 반드시 글을 써야만 한다"라는 단순하면서도 강력한 답을 찾게 된다면, 그 필

요성에 따라 당신의 삶을 건설하십시오. 당신의 삶은 극히 무관심하고 하찮은 순간까지도 이러한 강권의 표시요 증언이 되어야만 합니다.[1]

질문하는 생활

우리는 자신의 고독을 서서히 깊은 독거로 전환시킴으로써 자신의 내면의 궁핍함에 대해 말해 주는 음성을 발견할 수 있는 소중한 공간을 만들어 내야 한다. 이것이 우리의 소명이다. 우리가 지니고 있는 질문들과 문제들과 염려 등이 독거 속에서 검토되고 심사숙고되어 완성되지 않는 한, 진정한 답변들을 기대하기 어렵다.

자기가 지니고 있는 사상과 견해와 관점들이 진정으로 자신의 것이라고 주장할 수 있는 사람이 얼마나 되는가? 때로 적절한 시기에 적절한 전거(典據)를 인용할 수 있는 능력이 지적인 대화로 말미암아 감소되기도 한다. 삶과 죽음의 가치와 의미에 대한 관심처럼 지극히 본질적인 관심들까지도 시대적 유행의 희생물이 될 수 있다. 흔히 우리는 해답을 구하느라고 이 집 저 집, 이 책 저 책, 이 학교 저 학교로 부산하게 돌아다니지만, 진정 그 질문들에 세밀하고도 주의 깊게 귀를 기울이지는 않는다. 릴케는 그 젊은 시인에게 다음과 같이 말했다.

해결되지 않은 채 당신의 마음 속에 남아 있는 모든 것에 대해 인내를 갖고, 그 문제들 자체를 사랑하십시오…당신에게 주어질 수 없는 해답들, 실생활에서 실현할 수 없는 것들을 구하지 마십시오. 중요한 것은 모든 것을 실생활에서 실현하는 것입니다. 그 질문들을 실현하십시오. 아마

> 살다 보면 언젠가 해답을 발견하게 될 것입니다…믿을 만
> 한 것들은 모조리 취하십시오. 그리고 만일 그 해답이 자
> 신의 의지에서 나온 것이거나 당신의 내적 자아의 필요성
> 에서 생긴 것이라면 조금도 주저하지 말고 결단을 내리십
> 시오.[2]

그러나 이것은 대단히 어려운 과업이다. 왜냐하면 우리는 이 세상에 사는 동안 내적 자아에 관심을 두지 못하게 하는 유혹, 질문들에 귀를 기울이기 보다는 해답을 구하라는 부추김을 끊임없이 받기 때문이다. 고독한 사람에게는 기다리거나 경청할 내면의 시간이나 안식이 없다. 그런 사람은 당장 해답을 얻기를 원한다.

그러나 우리는 독거 속에서 자신의 내면에 주의를 집중할 수 있다. 이것은 이기주의나 건전치 못한 내성(內省)과는 상관이 없다. 왜냐하면 릴케가 말한 바와 같이 "당신의 내면에서 진행되는 것은 당신의 완전한 사랑의 대상이 될 가치가 있기"[3] 때문이다.

우리는 독거 속에서 자기 자신을 염두에 둘 수 있게 된다. 앤 모로우가 말한 것처럼, 그곳에서 우리는 "어린 아이나 성도들처럼 이 세상과 현세를 가까이에 둘 수 있기"[4] 때문이다. 그곳에서는 "모든 순간과 모든 행동이 시간과 공간에 의해 씻겨진 하나의 섬과 같게 되며, 섬의 완전함을 소유한다."[5] 또한 그곳에서 우리는 다른 사람들에게 관심을 갖고 그들에게 손을 내밀며, 그들의 관심과 애정을 탐하지 않고, 오히려 사랑의 공동체 건설을 돕기 위해 자신을 헌신할 수 있다.

독거는 우리를 동료 인간들로부터 멀어지게 하는 것이 아니라 오히려 진정한 우정을 가질 수 있게 해준다. 이것을 가장 잘 나타낸 사람은 트라피스트 수도사인 토마스

머튼(Thomas Merton)이다. 그는 생의 말년을 은수사로서 살면서 관상적(觀想的) 독거 생활을 통하여 다른 사람들과 지극히 친밀한 교제를 나눌 수 있었다. 그는 1950년 1월 12일 일기에 다음과 같이 썼다.

> 나는 깊은 독거 속에서 형제들을 진실로 사랑할 수 있는 온유함을 발견한다. 독거에 깊이 들어가면 갈수록 더욱 더 그들을 사랑하게 된다. 그것은 순수한 사랑이며 또한 다른 사람들의 독거에 대한 존경심으로 가득차 있다.[6]

머튼은 자신의 생활이 영적으로 성숙함에 따라 자신이 행하는 독거가 그와 동 시대인들을 분리하는 것이 아니라 오히려 그들과 더욱 깊은 교제에 들어가게 해준다는 것을 분명하게 깨닫게 되었다. 이러한 머튼의 통찰이 얼마나 강력한 것이었는지는 그가 잠시 루이스빌을 방문하여 상업 지구에서 열심히 일하는 사람들을 본 후에 쓴 감동적인 글에 잘 나타난다.

> …비록 수도사들은 세상 밖에 거하고 있지만 다른 사람들과 동일한 세상, 폭격의 위협을 느끼는 세상, 증오심이 범람하는 세상, 기술이 발달한 세상, 매스 미디어, 대규모 사업, 혁명 등이 일어나는 세상에 속해 있다. 우리는 하나님께 속한 자들이기 때문에 이 모든 것에 대해 세상 사람들과는 다른 태도를 취한다. 그러나 다른 모든 사람들도 역시 하나님께 속해 있다…이와 같이 가공의 차이점에서 해방되었다는 의식은 큰 즐거움과 안도감을 주기 때문에 나는 큰 소리로 웃는다. 나는 너무나도 행복하기 때문에 "하나님, 감사합니다. 나로 다른 사람들과 같게 해주시니 감사합니다. 내가 이 사회에 속한 자인 것을 감사드립니다"라고 기도한다…비록 인류가 많은 어리석은 일에 몰두해 있으며 많은 무서운 잘못을 범하기는 하지만, 그래도 인

간으로 존재한다는 것은 영광스러운 일이다. 하나님께서
는 친히 인간 중의 하나가 되시는 것을 기뻐하셨다! 이처
럼 평범한 깨달음이 갑자기 내기 경마에서 이겼다는 소식
처럼 보인다는 것을 생각해보라.

나는 자신이 인간이라는 사실을 기뻐한다. 하나님께서도
친히 성육하시어 인간이 되시지 않았던가! 나는 우리 모
두가 어떤 존재인지 깨닫는다. 이 세상 모든 사람들이 이
것을 깨달을 수 있다면 얼마나 좋을까! 그러나 그것은 설
명할 수는 없는 것이다. 사람들이 태양처럼 빛을 발하며
걷고 있다는 것을 설명해줄 방법이 없다.

이것은 나의 독거의 의미와 가치를 조금도 변화시키지 않
는다. 사실 우리로 하여금 그러한 일들을 분명하게 깨닫
게 해주는 것이 독거의 기능이다. 다른 염려, 망상, 고도로
집합적인 생존에서 나타나는 기계적 활동 속에 빠져 있는
사람들은 그처럼 분명하게 깨닫지 못한다. 나의 독거는
나 자신의 것이 아니다. 나는 이제 그것이 그들의 것이라
는 사실, 그리고 나에게는 나 자신이 아니라 그들과 관련
하여 독거해야 할 책임이 있다는 것을 깨닫는다. 나는 그
들과 함께 세상에 살고 있으므로 그들 때문에 독거해야
한다. 비록 내가 홀로 있어도 그들은 "그들"이 아니라 나
자신이다. 낯선 이란 없다.[7]

머튼은 자신의 경험을 통하여, 독거가 다른 사람들을 향
한 우리의 사랑을 깊게 해줄 뿐만 아니라 진정한 공동체
구성을 가능하게 한다고 깨달았다. 머튼은 처음에는 수도
공동체에서 살다가 후일 은둔 생활을 했지만, 이 글을 비
롯한 여러 글들을 통해 볼 때, 그가 육체적인 독거가 아니
라 마음의 독거를 중요시했다는 것을 알 수 있다.

마음의 독거가 없다면, 우정이나 결혼 생활이나 공동체
생활이 창조적인 것이 될 수 없다. 마음의 독거가 없으면,
사람들과 우리의 관계는 빈궁하고 탐욕적인 것, 불쾌하고

끈덕진 것, 의존적이고 감정적인 것, 기생적이며 착취적인 것이 되기 쉽다. 왜냐하면 마음의 독거가 없으면 우리는 다른 사람들을 우리와는 다른 독립된 존재로 여기지 못하고 자신의 욕구를 성취하기 위해 사용할 수 있는 사람으로 여기게 되기 때문이다.

사랑의 비밀은 상대방의 고독을 보호하고 존중하며, 그가 자신의 고독을 서로 공유할 수 있는 독거로 전환시킬 수 있는 자유로운 공간을 만들어 주는 데 있다. 이러한 독거 속에서 서로를 존중함으로써, 상대방의 개성을 세심하게 고려함으로써, 상대방의 프라이버시를 지켜줌으로써, 인간의 마음의 신성함을 이해함으로써 각기 힘을 얻을 수 있다.

우리는 독거 속에서 각기 자신의 내적 존재의 침묵 속으로 들어가 인간적 통합의 한계를 초월한 새로운 교제 속으로 불러들이는 음성을 발견하도록 서로를 격려할 수 있다. 우리는 독거 속에서 먼저 우리를 사랑하셨기 때문에 친구들과 연인들을 포옹하시며 우리에게 서로 사랑할 자유를 주신 분의 임재를 서서히 인식할 수 있다(요일 4:19을 보라).

거룩한 땅

이런 이야기는 마치 새로운 낭만주의처럼 들릴 수도 있을 것이다. 그러나 우리 자신의 구체적인 경험과 관찰을 살펴 보면 이것을 현실주의로 인정하는 데 도움이 될 것이다.

우리의 고독의 체험이 독거의 체험보다 강력하다는 것, 그리고 우리가 독거에 대해 하는 말은 고독이라는 아픈 침묵에서 나온 것임을 고백해야 한다. 그러나 우리가 동료들이나 하나님과의 연합과 일치 속에 살며 내적 일치를 감각할 수 있는 깊은 독거를 구할 때에, 우리를 격려해 주며 우리의 소망을 명백하게 알고 확인할 수 있는 행복한 순간들이 있다.

어느날 내 강의를 수강하던 어느 학생이 내 연구실로 찾아와서는 "이번에는 질문을 하려고 온 것이 아닙니다. 교수님께 질문할 것이 없어요. 저에게는 조언이나 충고가 필요하지 않습니다. 저는 그저 교수님과 함께 잠시 즐겁게 이야기하기를 원합니다"라고 말했다.

우리는 바닥에 앉아 서로를 바라보면서 잠시 지난 일 년 동안에 있었던 우리의 생활, 우리의 일, 친구들, 우리 마음의 불안 등에 대해 이야기했다. 그러다가 시간이 흐르면서 우리는 말을 잃고 침묵에 빠졌다. 그것은 견디기 힘든 침묵이 아니라, 지난 일년 동안 있었던 크고 작은 사건들보다 더 우리를 가깝게 만들어 주는 침묵이었다. 가끔 지나가는 자동차 소리, 누군가 빈 깡통을 버리는 소리가 들려왔지만 우리의 침묵을 깨뜨리지는 못했다. 우리들 사이의 침묵은 따뜻하고 관대하며 기쁨으로 설레는 침묵이었다.

가끔씩 우리는 마지막 남은 두려움과 의심을 밀어내 버리는 듯한 미소를 지으며 서로를 바라보았다. 우리 사이의 침묵이 깊어지면서 우리 두 사람을 둘러싸고 있는 어떤 존재를 깨닫게 되는 듯했다. 이윽고 그는 "이렇게 앉아 있으니 참 좋습니다"라고 말했고, 나는 "그래, 이렇게 함께 있으니 참 좋구나"라고 대꾸했다. 그리고 나서 또 오랜 침묵이 흘렀다.

우리 두 사람 사이의 빈 공간에 깊은 평화가 가득차게

되었을 때에, 그는 "교수님을 바라보고 있으니 마치 그리스도의 임재 속에 있는 듯합니다"라고 조심스럽게 말했다. 나는 그 말을 듣고도 놀라지 않았고 항의할 필요도 느끼지 않았다. 나는 단지 "네 속에 그리스도가 계시기 때문이다. 그분이 내 속에 계신 그리스도를 알아 보시는 것이다"라고 말했다. 그는 "그렇습니다. 그분은 진실로 우리 속에 계십니다"라고 말한 후, "이제부터는 교수님께서 어디를 가시든지, 또 내가 어디로 가든지 교수님과 나 사이에 있는 땅은 모두 거룩한 땅이 될 것입니다"라고 말했다.

이 말은 내가 여러 해 동안 들은 말 중에서 가장 감동적인 말로서 내 영혼 속에 깊이 새겨졌다. 그가 떠난 후, 나는 그가 공동체의 진정한 의미를 가르쳐 주었음을 깨달았다.

내적 특성으로서의 공동체

이 체험은 "사랑은…두 명의 고독한 사람이 서로 경계를 정하고 서로를 보호하고 존경하는 것이다"[8]라는 릴케의 말과 "나는 우리는 모두 하나의 바다 속에 있는 섬들이라고 생각한다"[9]라고 말한 앤 모로우가 염두에 두고 있었던 것을 설명해준다. 그것은 나로 하여금 친구들이나 연인들이 함께 있는 순간은 곧 시간과 공간의 제한을 받지 않는 공통된 독거 속에 들어갈 수 있는 순간이 될 수 있다는 것을 깨닫게 해 주었다.

우리는 자신이 꿈꾸는 것이 실제로 실현시킬 수 있는 것 이상의 것임을 깨닫지 못한 채 친구들과 함께 거하는 꿈을 꾼다. 그러나 우리의 독거가 성장하고 확대되어 우리 삶의 공동체 안에 더 많은 사람들을 포용하게 되는 순간들을 만들어낼 가능성이 있다는 것을 점차 깨달을 수 있게 된다. 오랫동안 우리와 함께 머물렀던 사람, 혹은 잠시 머물렀던 사람들이라도 그 공동체의 일원이 될 수 있다. 사랑의 만남에 의해서 그들과 우리 사이에 있는 모든 땅이 거룩한 땅이 되었으므로, 비록 그들이 우리에게서 떠나 있을지라도 그들은 우리 마음의 호의적인 독거 안에 머물 수 있기 때문이다. 인생에서 우정은 가장 귀한 선물들 중의 하나이다. 육체적으로 가까이 있는 것도 우정을 완전히 실현시킬 수 있는 방법이 된다.

나는 이상하게도 친구들과 함께 있을 때보다는 떨어져 있을 때에 그들과 더 가깝다고 느낀 적이 여러 번 있다. 친구들이 떠나면 그들을 만나고픈 강력한 욕망을 느끼지만, 그들과의 만남이 실현될 때에는 일종의 실망감을 느끼지 않을 수 없었다. 우리가 서로 육체적으로 함께 있는 것은 완전한 만남을 방해했다. 마치 우리는 표현할 수 있는 것 이상으로 서로를 위해 존재하는 것처럼 느끼는 것 같았다. 우리 각자의 구체적인 성품들이 하나의 담이 되어 그 뒤에 우리의 가장 심오한 개인적 자아를 숨겨 두고 있는 듯했다. 그들이 일시적으로 부재하기 때문에 생기는 거리는 나로 하여금 그들의 성품들 너머에 있는 것을 보게 해주었고, 우리들의 사랑의 기초가 된바 그들의 인간적 위대함과 아름다움을 드러내 주었다.

카힐리 지브란(Kahili Gibran)은 다음과 같은 글을 썼다.

그대 친구와 작별할 때에 슬퍼하지 말라
그가 떠나 있을 때에
그대가 그에게서 사랑했던 것이 더욱 분명해지리니
산은 멀리 평야에서 보아야 분명하게 보이는 법

이다.[10]

　친구들과 함께 생활하는 것은 즐거운 일이다. 그러나 우리가 그것을 얻으려고 노력한다면, 우리의 삶은 슬픈 것이 될 것이다. 우리가 한 팀이 되어 마음과 정신이 하나가 되어 일하게 되는 것은 하늘이 주는 선물이다. 그러나 만일 우리의 가치관이 그러한 상황을 의지한다면, 우리는 불행한 사람들이 될 것이다. 친구들에게서 편지를 받는 것은 기분 좋은 일이지만, 우리는 그것들이 없어도 행복하게 살 수 있어야 한다. 친지들의 방문을 받는 것은 귀한 선물이다. 그러나 우리는 그것들이 없다고 해서 침울해져서는 안 된다. 우리는 안부 전화를 받으면 감사함을 느낀다. 그러나 자신이 홀로 버려져 있다는 두려움을 가라앉히기 위해서 안부 전화를 기다린다면, 우리는 자기 불평의 희생물이 되기 쉽다.
　우리는 항상 소속감을 줄 수 있는 공동체를 찾는다. 그러나 한 장소, 한 집, 한 도시, 혹은 한 국가에 함께 있다는 것은 우리의 합법적인 욕구를 성취하는 데 있어서 부차적인 것에 불과하다는 것을 깨달아야 한다.
　우정과 공동체는 인간들이 함께 거하는 것을 훨씬 거대한 실체의 재미있는 표현이 되게 해주는 내적 특성들이다. 결코 우리는 결코 그것들에 대해 권리를 주장하거나 계획하거나 조직할 수 없다. 그러나 우리의 내적 자아 속에 그것들을 선물로서 받아들일 수 있는 장소를 만들 수는 있다.
　이처럼 자신의 내면에서 우정과 공동체를 의식하게 되면, 우리는 외딴 곳에 홀로 있으면서도 자유로이 "세상적" 생활을 할 수 있다. 왜냐하면 우리 자신의 독거에 모든 사람들을 포함시키기 때문이다. 그것은 또한 우리로 하여금 방대한 거리를 여행하도록 해준다. 왜냐하면 두려움 없이 독거에 동참하는 사람들 사이에 있는 땅은 모두 거룩한 땅이 되기 때문이다. 그러므로 우리의 고독은 성장하여 독거가 될 수 있다.

  우리가 고독하다는 느낌에 압도되어 마음의 독거가 우리의 수평선 안에 있다는 것을 믿지 못하고 지내는 기간이 있을 것이다. 그 기간은 몇일이 될 수도 있고, 몇 주일, 몇 달, 혹은 몇 년이 될 수도 있다. 그러나 일단 우리가 독거의 의미를 깨닫기만 하면 그 후에는 결코 그것을 구하는 일을 멈추지 않을 것이다. 일단 우리가 이 독거를 맛본 후에는 새로운 생활이 가능해지는데, 그 생활 속에서 우리는 거짓된 유대 관계에서 이탈하여 놀라울 정도로 새로운 방법으로 하나님 및 서로에게 애착을 느낀다.

3
창조적 반응

반작용적 생활 양식

고독에서 독거로의 이동은 우리 시대가 당면하고 있는 중요한 문제들을 버려두고 떠나는 것이 아니라 보다 깊이 참여함을 지향하는 이동이다. 고독에서 독거로 이동함으로써 우리는 두려움에서 비롯된 반응을 사랑에서 비롯된 반응으로 전환시킬 수 있다.

고독을 피하려는 사람은 끊임없이 환대와 바쁜 생활에 대한 무한한 욕망을 수반하는 혼란 상태를 구한다. 그런 사람은 맹목적인 관심을 요구하는 세상의 희생물이 되고 만다. 그는 순간적으로 기분이 변하며, 변덕스럽게 행동하며, 때로는 복수심 때문에 폭력을 행하게 만드는 일련의 변덕스러운 사건들에 의존하게 된다. 그런 사람의 삶은 자신을 내적 자아로부터 끌어내어 멀어지게 만드는 어리석고 파괴적인 행동과 반응의 연속이 된다.

우리가 "무척 반작용적"인 사람이 될 수 있다는 것, 즉 우리의 삶이 주위 환경의 자극에 대해 신경질적이고 불안한 반응을 자주 나타낸다는 것은 어렵지 않게 알 수 있다.

그 결과들 중의 하나로서 우리는 매우 바쁘게 생활하며 매우 피곤해 한다. 그러므로 우리는 자신의 독서, 담화, 방문, 원외 공작, 강의, 저술 등에서 우리 자신의 중심에서 우러난 행동이라기 보다는 변화하는 주위 환경의 요구에 대한 충동적인 반작용이 얼마나 되는지를 살펴 보아야 한다. 아마 우리는 결코 "순수한 행동"을 할 수 없을 것이며, 또 그것을 우리의 목표로 삼는 것이 과연 얼마나 현실적이며 건전한 것인지도 의심스럽다.

주위 환경의 변화에 의해 야기된 행동과 세상에 귀를 기울임을 통해서 우리 마음에서 성숙한 행동, 이 두 가지 행동의 차이점을 경험적 지식에 의해 아는 것은 대단히 중요한 일이다. 고독에서 독거로의 이동은 두려움에서 비롯된 반작용을 버리고 사랑에서 우러나 자발적으로 반응하는 행동으로 이어져야 한다.

고독은 우리를 끊임없이 변하는 세상의 포로가 되게 만드는 신속하고 어리석은 반작용으로 이어진다. 그러나 우리는 마음의 독거 속에서 매 시간, 매일, 매년 일어나는 사건들에 귀를 기울이면서 서서히 진정한 우리 자신의 반응을 형성할 수 있다. 우리는 독거 속에서 세상에 깊은 관심을 두며 진실한 반응을 추구할 수 있다.

독거하면서도 세상에 대한 관심을 버리지 말라

얼마 전 어느 사제는 말하기를, 전쟁, 범죄, 세력 다툼, 정치적 술수 등에 대한 끝없는 기사가 자기의 정신과 마음을 어지럽게 하며 기도와 묵상을 방해하기 때문에「뉴욕 타임즈」의 정기 구독을 취소했다고 말했다.

이것은 슬픈 이야기이다. 왜냐하면 그것은 우리가 세상

에 살면서 세상을 부인해야 하며, 자기 주위를 인위적이며 스스로 유도한 정적으로 둘러싸야만 영성 생활을 할 수 있다는 뜻이기 때문이다. 참된 영성 생활은 그와 정반대이다. 그것은 우리로 하여금 주위의 세상을 의식하고 관심을 갖게 만들기 때문에 세상에 존재하는 것과 세상에서 발생하는 것들은 모두 우리의 묵상과 관상의 일부가 되며, 우리로 하여금 자유롭고 두려움 없이 반응하라고 권유한다.

이처럼 독거 속에서 세상에 관심을 갖는 태도만이 진정으로 우리의 생활을 변화시킬 수 있다. 세상은 역사를 통하여 우리에게 말하는데, 이 역사를 어떻게 바라보고 어떤 관계를 유지하느냐에 따라 여러 가지 차이가 나타난다.

과거 20년을 되돌아보면, 지금 나는 내가 성직에 임명되던 날 28명의 급우들과 함께 더치 교회당(Dutch Cathedral) 바닥에 엎드렸을 때에는 꿈꾸지도 못했던 곳과 상황에 있다. 그 당시 나는 마틴 루터 킹과 인종 문제에 대한 말은 들어보지도 못했으며, 존 F.케네디와 닥 함마슐드라는 이름은 알지도 못했다. 나는 늙고 살찐 론칼리 추기경이 파두아로 순례 여행을 하는 것을 보고서 그를 타락한 성직자의 본보기라고 생각했었다. 또 크렘린에서 벌어지는 정치적 음모를 다룬 엉뚱한 책들을 읽고는 자유 세계에서는 그러한 일들이 일어날 수 없다는 것을 다행으로 생각했다. 나는 유대인 강제수용소에 대해 많은 이야기를 들었지만 그것들은 이미 지나간 세대의 일이며 나의 세대와는 양립할 수 없다고 생각했다.

그로부터 몇 년이 흐른 지금, 나의 정신과 마음에는 나를 나 자신이 예상했던 것과는 전혀 다른 사람으로 만든 많은 기억들과 사실들이 가득 차 있다. 이제 나는 생활사(生活史)의 출발점과 끝을 볼 수 있다. 내가 살아야 할 삶은 오직 한 가지이며, 그것은 역사의 어느 시기를 포괄하는 삶으로서 나는 그 역사의 일부일 뿐만 아니라 그 역사 형성하는 데 도움이 되어야 한다는 것을 깨닫는다. 이제 나는 내 생활이 내가 예견했었던 것과는 달라진 이유를 설명하기 위해서 달라스, 월남, 워터게이트 사건 등을 가리킬 수 없으며, 나 자신의 독거 속에서 이러한 명사들의 뿌리를 찾아야 한다는 것을 깨닫는다.

독거 속에서는 우리의 역사는 단절된 사건들을 아무렇게나 모아 놓은 것이 될 수 없으며, 마음과 정신의 변화를 요청하는 지속적인 부름이 되어야 한다. 독거 속에서 우리는 인과응보라는 운명적인 사슬을 끊고, 내적 감각을 가지고서 일상 생활이라는 사실의 보다 깊은 의미에 귀를 기울일 수 있다. 독거 속에서는, 세상은 더 이상 우리를 내편 네 편으로 갈라 놓는 잔인한 세계가 아니며, 표면적 사건들과 내면의 사건들을 결합하고 재결합하라고 요청하는 상징적인 세계가 된다. 독거 속에서는 개인적인 실망과 고통은 물론이요 대통령의 암살, 로켓 발사의 성공, 잔인한 폭격으로 인한 도시들의 파괴, 권력을 확보하려는 욕심으로 인한 정부의 분열 등을 우리가 살아가면서 피할 수 없는 부수적인 사건들이 아니라 반응, 즉 개인적인 참여를 호소하는 긴급한 초청으로 여기게 된다.

인격 도야에 도움이 되는 방해

나는 과거 몇 년 동안 교수로 재직했던 노틀담 대학을 방문하던 중 거의 평생을 그곳에서 보낸 노교수를 만났다. 우리는 함께 캠퍼스를 산책했다. 그 교수는 "당신도 아시겠지만…나는 일생 동안 나의 일이 방해를 받는다고 불평해왔습니다. 그런데 이제 와서 보니 오히려 나의 일이 방해거리였습니다"라고 침울한 음성으로 말했다.

우리는 종종 생활 속에서 일어나는 크고 작은 사건들이 우리의 계획이나 프로젝트나 생활 설계를 방해한다고 생각하지 않는가? 우리는 다른 사람이 우리의 독서를 방해할 때, 여름철 궂은 날씨나 질병 때문에 정성들여 짠 우리의 계획들이 수포로 돌아갈 때, 사랑하는 친구의 죽음이 우리 마음의 평화를 깨뜨릴 때, 잔인한 전쟁으로 말미암아 인간의 선함에 대한 우리의 사상이 훼손될 때, 그리고 삶의 거친 현실들이 삶에 대한 우리의 꿈을 파괴할 때에 내적인 저항을 느끼지 않는가? 이처럼 끊임없이 이어지는 일련의 방해로 말미암아 우리 마음에 분노와 좌절, 심지어는 복수심이 생기지 않는가? 늙는다는 것은 곧 모진 사람이 된다는 것과 동의어가 될 수 있다는 것을 이따금 깨닫지 않는가?

그러나 만일 우리를 방해하는 것들이 사실은 우리에게 주어진 기회라면 어찌 될 것인가? 만일 그것들이 우리의 성장을 유도하며 우리로 하여금 완전한 존재가 되게 만들어 주는 내적 반응이라면 어찌 될 것인가? 만일 조각가가 흙으로 조각품을 빚듯이, 우리의 생애에서 일어나는 사건들이 우리의 인격을 도야해 준다면 어찌 될 것인가? 이처럼 우리의 인격을 도야하는 손길에 순종함으로서 우리가 자신의 진정한 소명을 발견하며 성숙한 인간이 될 수 있다면 어찌 될 것인가? 만일 예기치 않았던 모든 방해거리들이 실제로는 우리로 하여금 옛 생활 양식을 버리라는 권유이며, 아직 개척되지 않은 새로운 경험의 영역을 열어

준다면 어찌 될 것인가? 마지막으로, 만일 우리의 삶이 우리가 통제할 수 없는 맹목적이고 비인격적인 사건들의 연속이 아니라, 우리의 희망과 열망을 성취시켜줄 개인적인 만남을 가르쳐줄 안내자를 계시해준다면 어찌 될 것인가?

그렇다면 우리의 삶은 진실로 다른 것이 될 것이다. 왜냐하면 그렇게 되면 운명은 기회가 되며, 상처는 경고가 되고, 마비는 생명력의 심오한 원천을 찾으라는 초청이 되기 때문이다. 그때 우리는 울부짖는 도시나 불타고 있는 병원이나 절망 상태에 있는 부모와 어린이들 사이에서도 희망을 찾을 수 있다. 그 때 우리는 씨앗이 죽는 것을 목격하면서도 절망하지 않고 많은 열매를 맺는 나무에 대해 말할 수 있다. 그 때에 우리는 독거 속에서 특성이 없는 일련의 사건들이라는 감옥을 부수고 나와 우리에게 말씀하시는 역사의 하나님에게 귀를 기울이며, 언제나 새로이 전환을 호소하시는 그분의 부르심에 반응할 수 있다.

뉘우치는 마음

서구 세계의 종교 성향이 개별화되면서 "뉘우치는 마음"이라는 개념은 단지 개인적으로 죄의식을 느껴 회개하려는 생각 정도를 언급하는 것으로 전락되었다. 우리가 자신의 생각과 말과 행위가 불순하다는 것을 의식하게 되면, 뉘우치는 감정과 용서를 바라는 마음이 생긴다. 그러나 만일 우리 시대의 파국적인 사건들, 전쟁, 대량 학살, 폭력, 죄수들이 가득찬 감옥, 고문실, 굶주리고 병든 사람들, 인류의 대부분이 겪고 있는 잡다한 불행 등이 우리 마음의 독거의 범주 밖에 놓여진다면, 우리가 느끼는 뉘우침은 종교적 감정에 불과하게 된다.

오늘 신문에는 세 명의 포르투갈 군인들의 사진이 실렸다. 그들 중 두 사람은 벌거벗은 죄수의 두 팔을 붙잡고 있고, 다른 한 사람이 그의 머리를 베는 사진이다. 역시 같은 신문에 달라스의 어느 경찰관이 순찰차 안에서 12세의 소년에게 수갑을 채우고 심문하다가 살해했다는 기사, 122명의 승객을 태운 일본의 점보 여객기가 납치되어 알 수 없는 곳으로 가고 있다는 기사도 실려 있다. 또 미국 대통령이 캄보디아 내에서 중립을 지키겠다고 공공연하게 선언한 기간 동안 미국 공군이 그 지역에 투하한 폭탄이 1억 4천 5백만불 어치가 된다는 기사도 있다. 그 신문에는 그리스와 터어키에서 사용되는 전기 고문 기술에 대한 섬뜩한 기사도 실려 있다. 그러나 이 기사들은 부차적인 것에 불과하다.

이 신문의 머리기사에는 정부의 고위 관리들이 막대한 공금을 유용하고 거짓말을 하고 절도 행위를 했다는 미국 역사상 가장 비극적인 사건이라고 할 만한 기사가 실려 있다. 오늘 신문만 그런 것이 아니라. 어제 신문의 내용도 마찬가지였고, 내일 신문의 내용도 마찬가지일 것이다.

이러한 사실은 우리의 마음을 상하게 하며 우리로 하여금 끝없는 슬픔으로 인해 고개를 떨구게 만들지 않는가? 그것은 인생은 살 만한 가치가 있는 것이라고 믿는 사람들로 하여금 통회하며 공동으로 참회하게 만들어야 하지 않겠는가? 우리는 결국 자신이 범죄하였으며 용서와 치료가 필요하다고 고백해야 하지 않는가? 우리는 개인적인 종교적 껍질을 깨고 나와 두 팔을 펼치고 다음과 같이 외쳐야 하지 않겠는가?

여호와여 내가 깊은 데서 부르짖었나이다

주여, 내 소리를 들으시며
나의 간구하는 소리에 귀를 기울이소서

여호와여 주께서 죄를 감찰하실찐대
주여 누가 서리이까
그러나 사유하심이 주께 있음은
주를 경외케 하심이니이다

나 곧 내 영혼이 여호와를 기다리며
내가 그 말씀을 바라는도다
파수꾼군이 아침을 기다림보다
내 영혼이 주를 더 기다리나니

이스라엘아 여호와를 바랄찌어다
여호와께는 인자하심과 풍성한 구속이 있음이라
저가 이스라엘을 그 모든 죄악에서 구속하시리로다

—시편 130편—

현실의 짐

　우리는 현실의 짐을 질 수 있는가? 우리는 어떻게 해야 모든 인간의 비극을 흔쾌히 받아들이며, 정신적으로 마비되거나 낙심하지 않고서 인간의 고난의 광대한 바다를 의식할 수 있는가? 어떻게 해야 가난하고 병들고 굶주리고 박해를 받는 무수한 사람들의 운명을 생각하면서 건전하고 창조적인 생활을 할 수 있는가? 어떻게 해야 고문을 하거나 처형하는 사진을 보면서도 미소를 지을 수 있는가?
　나는 이러한 질문들에 대한 해답을 알지 못한다. 사람들 중에는 세상의 고통을 마음 속 깊이 인식하여 끊임없이 우리에게 이 세상의 죄악을 상기시켜 주는 것을 자신의 소명으로 삼는 사람들이 있다. 심지어는 인간이 처한 상황에 철저히 공감하고, 인간들의 불행을 자기의 것으로 여기며, 세상에 고통을 당하는 사람들이 있는 한 자신의 행복을 거부하려는 소수의 성도들도 있다. 그들은 우리를 노하게 만들며, 우리는 그들을 매저키스트(자기 학대자)라거나 최후의 날을 선포하는 선지자라고 칭함으로써 그들을 무시하려 한다. 그러나 그들은 이 세상에 반드시 필요한 존재로서, 마음의 결속이 없는 한 결코 지속적인 치유는 일어날 수 없다는 것을 상기시켜준다. 이 소수의 "극단주의자들"이나 "광신자들"은 우리가 혼자서 할 수 있는 게임이 얼마나 되는지, 그리고 우리 자신으로 하여금 인간의 단결이라는 짐을 알거나 느끼지 못하게 하기 위해 얼마나 많은 담을 세워 지탱할 수 있는지 자문해 보지 않을 수 없게 만든다.

아마 당분간 우리는 전세계가 장미 동산처럼 보이는 시대와 우리의 마음이 맷돌에 묶여 있는 듯이 보이는 시대, 황홀한 기쁨의 순간들과 우울하고 침울한 순간들, 신문에 실린 기사들은 우리의 영혼이 감당할 수 있는 것 이상이라는 겸손한 고백과 우리는 오로지 이 세상의 현실을 대면함을 통해서만 책임감 있는 사람으로 성장할 수 있다는 인식, 느끼는 것과 느끼지 못하는 것, 아는 것과 알지 못하는 것, 보는 것과 보지 못하는 것 사이에서 오르내릴 것이다.

아마 우리는 자신의 자아로 하여금 반응할 준비가 되어 있지 않은 것을 대면하라고 강요할 수 없다는 확신, 그리고 장래에는 우리가 멸망하지 않고서 눈을 크게 뜨고 볼 수 있는 힘과 용기를 지니게 될 것이라는 소망 속에서 회피와 부인을 묵인해야 할 것이다. 회피하거나 부인하는 것은 우리 자신이나 다른 사람들을 위해서 전혀 희망적인 일이 못된다는 것, 그리고 새 생명은 갈고 경작된 땅에 뿌려진 씨앗에서만 움튼다는 것을 기억하는 한 이것은 사실일 것이다. 진실로 우리 주 하나님은 "상하고 통회하는 마음을 멸시치 아니하실 것이다"(시 51:17).

무엇이 우리로 하여금 세상의 현실에 대해 자신을 개방하지 못하도록 방해하는가? 우리 자신의 무력함을 인정하지 않고 치료할 수 있는 상처만 보려는 태도인가? 자신이 세상의 주인이므로 삶의 모든 일들이 안전하게 통제된다고 믿을 수 있는 곳에 자신의 디즈니랜드를 세우려는 망상을 버리려 하지 않는 태도인가? 우리의 눈이 멀고 귀가 먹었다는 것이 곧 우리가 우주의 주가 아니라는 것을 인정하기를 거부하는 태도의 표식일까? 이런 질문들이 수사학의 차원을 넘어서게 되거나, 또는 우리가 내면적으로 자신의 무력함에 대해 얼마나 분개하는지 깨닫는다는 것은 어려운 일이다.

독거에서 비롯된 항의

비록 일상의 사건들이 우리의 손이 미치지 못하는 곳에 있을지라도 우리 마음은 항상 그곳에 있어야 한다는 것, 우리의 삶은 쓰라린 것이 되지 않으며 마음에서만 창조적인 반응이 솟아날 수 있다는 지혜를 낳을 수 있다는 것을 우리는 삶을 통해 배울 수 있다. 세상에 대한 대답이 우리의 정신과 손 사이에 달려 있을 때, 그 대답은 연약하고 피상적인 것이 된다. 전쟁과 인종 차별과 사회적 불의에 대한 항의가 반작용의 차원을 넘어서지 못할 때 우리의 분노는 독선적인 것이 되며, 보다 나은 세상에 대한 희망은 즉각적인 결과를 원하는 욕망으로 전락하며, 우리는 실망하여 관대함을 잃게 된다. 우리의 정신이 마음 속으로 내려가야만 내면 깊은 곳에서부터 솟아오르는 지속적인 반응을 기대할 수 있다.

1960년대에 많은 사람들이 적극적으로 평화 운동이나 민권 운동을 했으나, 결국 대부분이 지치거나 냉소적이 되고 말았다. 그들은 상황이 자신의 능력 밖에 있다는 것, 자신이 할 수 있는 일이 거의 없다는 것, 눈에 보이는 변화를 일으키지 못했다는 것을 발견하고서 활기를 잃고 후퇴하여 상처를 입은 자아를 의지하며, 몽상과 환상에 세계로 도피하거나 지금까지 대적하여 오던 사람들의 무리에 합류하고 말았다. 정신적인 좌절과 싸우는 많은 행동대원들이 마약을 복용함으로써 그러한 좌절을 부인하려 하며, 신흥 이단에 섞임으로써 좌절감을 완화하려 하는 것은 그다지 놀라운 일이 아니다. 혹 60년대에 대해 비평을 할 수 있다면, 그 당시의 저항이 무의미했다고 비평할 것이 아니라, 그 저항이 마음의 독거에 뿌리를 둔 심오한 것이 아니었다는 것을 비평해야 할 것이다.

우리의 정신과 두 손이 함께 작용할 때에 우리는 자신의 행동의 결과를 의지하게 되며, 그것들이 실현되지 않을 때에 포기하는 경향이 있다. 우리는 마음의 독거 속에서 진실되게 세상의 고통에 귀를 기울일 수 있다. 왜냐하면 그곳에서는 세상의 고통을 생소하거나 친숙하지 않은 고통이 아닌 우리 자신의 고통으로 인식할 수 있기 때문이다. 그곳에서 우리는 잔인한 역사의 실체를 우리 자신의 마음을 비롯한 모든 인간의 마음의 실체로 느끼며, 그에 저항하기 위해서 먼저 우리 자신이 인간이 처한 환경에 참여해야 한다는 고백을 요청한다. 그곳에서는 우리가 진정으로 자발적인 반응을 할 수 있다.

인간들 각자가 모든 인간의 고난에 대해 책임을 져야 한다고 선포하는 것은 있을 수 없는 일일 것이다. 그러나 우리가 모든 인간의 고난에 대해 반응하라는 소명을 받았다고 말하는 것은 자유를 주는 메시지이다. 왜냐하면 동료 인간들과의 내적 단결에서부터 이러한 고통들을 완화시키려는 최초의 시도들이 시작될 수 있기 때문이다.

긍휼

이러한 내적 단결은 독선을 막고 긍휼을 베풀 수 있게 해준다. 토마스 머튼은 이것을 다음과 같이 훌륭하게 표현했다.

> 하나님께서 당신을 불러 독거 생활에 들어가게 하시면, 당신이 접촉하는 모든 것들이 당신을 더욱 깊은 독거로 인도한다. 그리고 당신이 스스로 일하며 자기 나름대로의 은둔 생활을 하려는 고집을 부리지 않는 한, 당신에게 영향을 미치는 모든 것들은 당신을 은수사로 만든다. 나의 새로운 사막은 어떤 것인가? 그 사막의 이름은 긍휼이다. 긍휼이라는 광야만큼 무섭고 아름다우며, 불모지이면서 또 열매를 많이 맺는 광야는 없다. 진실로 그것은 백합화처럼 피어날 유일한 사막이다. 그것은 연못이 될 수 있으며, 기쁨으로 싹을 내고 꽃을 피우고 즐거워할 수 있을 것이다. 긍휼이라는 사막에서는 메마른 땅이 원천이 되며 가난한 자가 모든 것을 소유할 수 있다.[1]

머튼은 세상을 떠나 숨어 살았지만 오히려 세상과 더욱

가까이 접촉하게 되었다. 그가 자신의 고독을 마음의 독거로 전환시킬수록, 그는 더욱 더 자신의 내면의 중심에서 세상의 고통을 발견하고 그것에 자발적으로 반응할 수 있었다. 그는 인간의 투쟁을 긍휼히 여기고 공감했다. 그 때문에 그는 비록 글재주는 부족하지만 자신의 독거에 동참하는 많은 사람들의 대변인이 되었다. 머튼이 독거 안에서 자신이 져야 할 책임을 인식하고 있었다는 것은 다음과 같은 글에 분명하게 나타난다.

> 내가 1915년에 태어났다는 것, 아우슈비츠나 히로시마나 월남 등에서 벌어진 일들이 내 생전에 발생하였다는 것 등은 나와 협의한 후에 일어난 일이 아니다. 그러나 내 의사와는 상관없이 나는 그러한 일들에 개인적으로 깊이 관련되어 있다.[2]

그는 약간 풍자적으로 다음과 같이 덧붙였다.

> …기계적으로 "세상을 거부하는 것"과 "세상을 멸시하는 것"은 선택이 아니라 선택의 회피임이 분명하다. 아우슈비츠나 월남에 대해 등을 돌릴 수 있으며, 마치 자신이 그 곳에 존재하지 않는 듯이 행동할 수 있다고 주장하는 것은 허세에 불과하다. 그런데 일반적으로 수도사들까지도 이런 태도를 받아들이고 있는 듯하다.[3]

독거 속에서 생겨난 긍휼은 우리로 하여금 자신의 사실성(史實性)을 크게 의식하게 만든다. 우리는 보편적인 사실들이 아니라 날마다 우리가 대면하는 구체적인 사실들에 반응하라는 부름을 받고 있다. 긍휼한 사람은 이와 같은 악과 사망의 표명들이 자기의 삶의 계획을 방해한다고 생각치 않으며, 오히려 이것들을 자신이나 동료 인간들의 회심을 위한 기회로 여긴다. 역사적으로 사람들이 세상에서 벌어지는 사건들을 자신의 마음을 변화시킬 기회로 여겨 반응할 때에는, 관대함과 새로운 생활의 무한한 원천이 열려 인간이 기대할 수 있는 한계를 초월한 희망을 주어 왔다.

고통 속에서의 단결

우리에게 희망을 주며 우리 영혼의 힘을 튼튼하게 만들어준 사람들은 조언자나 경고자나 윤리학자가 아니라, 우리가 참여하는 인간적 상황을 말과 행동으로 분명히 나타내며 우리로 하여금 삶의 현실을 직시하라고 격려해 주는 소수의 사람이라는 것을 발견할 수 있다. 은밀한 사건들을 문제로 삼으며 일시적 해결책을 제공하는 전도자들은 침울하다. 왜냐하면 그들은 자비로운 단결을 회피하기 때문이다. 그러나 실제로 이러한 단결에서 치유가 시작된다.

안나 카레니나(Anna Karenina)로 하여금 자살을 하게 만든 복합적 감정에 대한 톨스토이의 묘사, 의미 있는 일을 찾아 다니다가 아프리카의 정글에서 죽은 벨기에의 건축가 퀘리(Querry)에 대한 그래엄 그린(Graham Greene)의 기록은 희망이라는 개념에 새로운 의미를 부여해줄 수 있다. 그것은 그들이 어떤 해결책을 주었기 때문이 아니라, 인간의 고난 속 깊이 들어가 그곳에서 말하는 용기를 가졌기 때문이다.

키에르케고르, 사르트르, 까뮈, 함마슐드, 솔제니친 등 누구도 해결책들을 주지 못했다. 그러나 그들의 글을 읽는 많은 사람들은 자신의 탐색을 계속하게 해주는 새로운 힘을 발견한다. 우리의 고통에서 도망치지 않고 긍휼한 마음으로 그것을 접하는 사람들은 우리에게 치료와 새 힘을 준다. 역설적으로 고통에 동참하는 것이 치료의 출발점이다.

오늘날처럼 해결 지향적인 사회에서 고통에 동참함이 없이 그 고통을 완화시키려는 것은 마치 위험을 무릅쓰려는 마음이 없이 불 타는 집에 있는 어린이를 구해 내려는 것과 같다. 자비로운 결속(고통에의 동참)은 독거 속에서 형성된다. 그러므로 고독에서 독거로의 이동은 우리 시대의 화급한 문제들을 모른 체하고 물러나는 것이 아니라 보다 깊이 개입하는 것이다. 고독에서 독거로의 이동은 우리에게 임하는 방해거리들을 마음의 전환을 위한 계기—이것은 우리의 책임감을 짐이 아닌 소명으로 만들어주며 동료 인간들과의 자애로운 결속이 가능한 내적 공간을 만들어 낸다—로 여긴다.

고독에서 독거로 이동함으로써 우리는 자신의 내적 존재와 접촉하며, 거기에서 위대한 치료의 능력들을 발견하는데, 이것은 우리가 지켜야 할 재산이 아니라 모든 인간들과 공유해야 할 선물이다. 그러므로 우리가 고독에서 독거로 이동하게 되면 자발적으로 적개심에서 환대로 이동하게 된다. 이 두번째 이동은 우리로 하여금 살아가면서 만나는 많은 사람들을 창조적으로 접촉할 수 있도록 격려해 준다.

제2단계
인간들과의 관계:
적개심에서 환대로의 이동

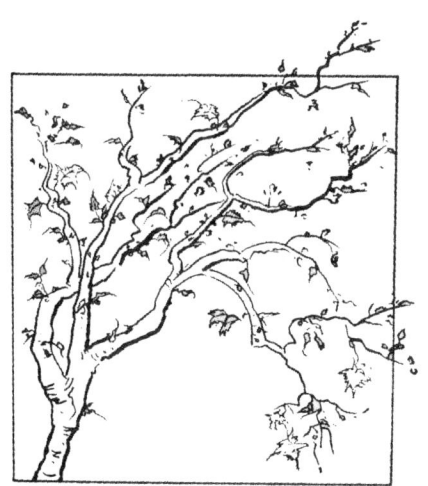

4
낯선 이를 위한 공간 창조

낯선 이들의 세상에서의 생활

영성 생활의 첫째 특성은 고독에서 독거로의 지속적인 이동이요, 두번째 특성은 적개심을 환대로 전환시킬 수 있는 이동이다. 이렇게 이동할 때에 우리와 자아와의 변화하는 관계가 동료 인간들과의 변화무쌍한 관계 속에서 열매를 맺을 수 있게 된다. 자신의 내적 자아와의 접촉이 살아가면서 만나는 낯선 사람들과의 접촉으로 이어지는 것도 바로 이러한 이동 속에서이다.

이 세상에는 자신의 과거와 문화와 국가, 자신의 이웃과 친구와 가족들, 자신의 내적 자아와 하나님으로부터 멀어져 길을 잃은 사람들이 가득하다. 이러한 세상에서 사람들은 두려움 없이 살 수 있는 곳, 공동체를 발견할 수 있는 호의적인 곳을 찾아다닌다. 그러나 일반적으로 이 세상에서는 낯선 사람들에 대해 적개심을 품는다. 그러나 낯선 이들이 생소함을 던져 버리고 우리의 동료가 될 수 있는 개방적이고 호의적인 공간을 그들에게 제공하는 것이 가능하며, 또 그렇게 하는 것이 기독교인들의 의무이다.

적개심을 버리고 환대로 이동하는 것은 어려운 일이다. 우리 사회에는 자신의 재산에 집착하며 주위 세상을 의심의 시선으로 바라보는 경향이 있으며, 항상 적이 나타나 공격하고 해를 끼칠 것이라고 예상하여 두려워하는 방어적이고 공격적인 사람들이 가득하다. 그러므로 원수를 손님으로 변화시켜 서로간에 우애를 형성하고 발휘할 수 있는 자유롭고 두려움 없는 공간을 만들어 내는 것이 우리의 소명이다.

성경적 용어

"환대"라는 단어는 친절함, 다과회, 기분 좋은 대화, 포근한 분위기를 연상케 한다. 우리 문화 속에서 환대라는 개념은 그 힘을 많이 상실했다. 종종 이 낱말은 진정한 기독교적 영성을 구하기보다는 효력이 약화된 경건을 기대하는 사람들의 모임에서 사용되는 것을 보면, 이것은 꽤 근거 있는 주장이다. 본래 지니고 있던 심오함과 잠재력을 회복해야 할 개념이 있다면, 그것은 곧 "환대"라는 개념이라고 할 수 있다.

그것은 우리 자신과 동료 인간들의 관계에 대한 우리의 식견을 깊고 넓게 해주는 성경적 용어이다. 신구약 성서에 기록된 이야기들은 우리 집에 찾아온 낯선 이를 영접하는 것이 우리의 의무임을 보여줄 뿐만 아니라, 또한 우리를 찾아오는 손님들은 귀한 선물들을 가지고 오며, 자기를 영접하는 주인에게 그것을 드러내 주기를 간절히 원한다고 말해 준다.

아브라함이 마므레에서 낯선 사람들을 영접하여 그들에게 물과 떡과 부드러운 송아지 고기를 대접했을 때, 그들은 그의 아내 사라가 아들을 낳을 것이라고 말하며 자신이 여호와이심을 나타냈다(창 18:1-15). 사르밧의 과부가 엘리야에게 음식과 쉴 곳을 제공했을 때, 엘리야는 자신이 하나님의 사람임을 밝히고 그녀에게 기름과 양식을 풍성하게 주고 죽은 아들을 살려 주었다(왕상 17:9-24). 엠마오로 가는 두 나그네가 낯선 사람을 영접했다. 그 사람은 하룻밤을 그들과 함께 여행하고 묵었다. 그런데 그는 떡을 떼면서 자신이 그들의 구세주이심을 알리셨다(눅 24:13-35).

적개심이 환대로 전환되면, 두려움으로 가득하던 나그네가 손님이 되어 자신이 가지고 있는 약속을 주인들에게 나타낼 수 있다. 그 때에 새로 발견된 일치를 인식할 때에 주인과 손님의 차이가 인위적인 것임이 증명되고 소실된다.

이와 같이 성경의 이야기들은 우리로 하여금 환대가 중요한 덕이라는 것, 뿐만 아니라 환대라는 배경 속에서 주인과 손님은 자기의 귀중한 선물들을 나타내 보이며 서로에게 새 생명을 가져다 줄 수 있다는 것까지 인식할 수 있도록 도와준다.

지난 수십 년 동안 심리학은 사람들 간의 관계를 새로이 이해하는 데 커다란 기여를 했다. 정신병 의사와 정신분석 전문의들 뿐만 아니라 사회 사업가, 직업적 치료사들, 목사들, 사제들 및 그 밖의 여러 유익한 직업에 종사하는 많은 사람들이 자신의 일을 하는 데 있어서 이 새로운 통찰을 사용하여 도움을 받았다. 그러나 아마 우리 중에는 이러한 새로운 발견에 큰 감명을 받아 환대와 같은 옛 개념들 속에 보존되어 있는 커다란 부(富)를 보지 못하는 사람들이 있을 것이다. 환대라는 개념은 소외와 불화로 인해 고난을 겪고 있는 세상에서 치유의 관계를 이해하고 재창조의 공동체를 형성하기 위한 새로운 차원을 제공할 수 있다.

그러므로 환대라는 개념을 자기 집을 찾아온 낯선 이를 영접한다는 문자 그대로의 의미로만 해석해서는 안된다. 물론 이것은 결코 잊거나 무시해서는 안될 중요한 의미이다. 우리는 환대를 동료 인간들을 향한 우리의 근본적인 태도로 간주해야 하며, 그 태도는 다양한 방법으로 표현될 수 있다.

낯선 사람에 대한 상반된 감정의 병존

낯선 이들에게 손을 내밀고 그들을 우리의 생활 속으로 맞아 들이는 것이 기독교 영성의 핵심적인 일이지만, 낯선 이들에 대한 우리의 무의식적인 감정에는 반대 감정들이 병존한다는 것을 분명히 인식하는 것도 중요한 일이다. 보통 두려움과 염려가 뒤섞인 여러 형태의 적개심이 사람들을 영접하지 못하도록 막는다는 것은 사회적 분석을 하지 않아도 깨달을 수 있다.

환대의 의미를 완전하게 이해하려면, 먼저 우리가 친히 낯선 이가 되어 보아야 한다. 어느 학생은 다음과 같은 글을 썼다.

> 어느 날 나는 그다지 넉넉하지 않은 여비를 가지고서 니스를 떠나 닷새 동안 발길 가는 대로 돌아다녔다. 가지고 간 돈이 떨어졌기 때문에 나는 다른 사람들의 친절에 의지해야 했다. 이 일을 통해 나는 먹을 것을 주거나 차를 태워주는 것이 고마운 일이라는 것과 겸손을 배웠다.

우리는 지금껏 낯선 사람들을 환대하기 보다는 적개심을 가지고 대했다고 말할 수 있다. 우리는 살고 있는 아파트에 이중 자물쇠를 설치하고 개를 키우며, 자기의 건물에 수위를 두어 밤새도록 지키게 하며, 도로에는 지나가는 사람들을 태워 주지 말라는 표식을 세우며, 지하철에는 경비병들이 경비를 하며, 공항에는 안전 요원들이 근무하며, 도시는 무장한 경찰들이 지키고, 국가는 군대가 지키고 있다.

우리는 가난한 사람들, 외로운 사람들, 집 없고 버림 받은 사람들을 동정하기를 원하면서도, 우리 집 문을 두드리며 먹을 것과 쉴 곳을 청하는 낯선 사람을 대할 때에는 복합적인 감정을 느낀다. 일반적으로 우리는 낯선 사람들에게서 많은 것을 기대하지는 않는다. 우리는 서로에게 "돈을 감추어 두고 문은 잠궈 두는 것이 좋습니다"라고 말한다. 잘 알지 못하는 사람, 우리와 다른 언어를 사용하는 사람, 피부색이 다른 사람, 우리와는 다른 옷을 입고 다른 생활 방식으로 사는 사람들을 볼 때 우리는 두려움을 느끼며, 때로는 적개심까지도 느낀다. 우리는 집을 비우고 여행을 떠났다가 돌아올 때면, 혹시 낯선 사람이 집에 들어가 감추어둔 귀중품을 훔쳐 가지 않았을까 걱정한다.

우리 사회에서는 일반적으로 낯선 사람들은 위험한 존재로 여기므로, 그들은 자신이 위험한 존재가 아니라는 것을 증명해야 한다. 우리는 여행할 때에는 여행 가방에 주의를 기울이며, 거리를 걸을 때에는 돈지갑에 신경을 쓴다. 또 밤중에 어두운 공원을 산책할 때에는 혹시 낯선 이의 공격을 받지 않을까 염려하여 경계한다. 우리는 사람들을 돕기를 원하며, 배고픈 사람들에게 먹을 것을 주며 죄수들을 방문하며 나그네에게 쉴 곳을 제공하기를 원하면서도, 한편으로는 자신의 주위에 두려움과 적대감이라는 울타리를 쌓고서 본능적으로 우리의 선한 의도들을 상기하게 만드는 사람들과 장소를 회피한다.

그러나 실제로 그렇게 극적으로 행동하는 것은 아니다. 우리는 강도나 마약중독자나 이상하게 행동하는 사람들을 만날 때에만 두려움과 적개심을 느낀다. 물론 경쟁심이 팽배해 있는 세상에서는 같은 반 친구들, 팀의 동료들, 동료 연기자들, 직장 동료들처럼 친밀한 관계의 사람들 사이에서도 상대방이 자신의 지적인 안전이나 직장에서의 안전에 위협이 된다고 느낄 때에는 두려움과 적개심을 느낄 수도 있다. 사람들이 서로 더 가까워지며 서로 도와 평화로운 공동체를 구성하게 만들기 위해 만들어진 장소들 중 여러 곳이 정신적인 전쟁터로 전락해 버렸다. 교실의 학생들, 교수회의에 참석한 교수들, 병원의 직원들, 공장에서 일하는 노동자들은 종종 상대방에 대한 적개심으로 인해 마비되며, 두려움과 의심과 뻔뻔스러운 공격 때문에 자신의 목적을 실현할 수 없음을 발견한다.

때로는 자유로운 시간과 공간을 제공하여 귀중한 인간의 잠재력을 계발하기 위한 자유로운 시간과 공간을 제공하기 위해 세워진 기관들도 구성원들 간의 적대적인 방어성 때문에 훌륭한 사상이나 귀중한 감정들을 표현하지 못하는 경우도 있다. 학점, 시험, 선발 체제, 승진 기회, 상을 받고픈 욕망 등이 인간이 발휘할 수 있는 가장 훌륭한 것의 표명을 방해하기도 한다.

겉으로 드러나지 않은 적개심

얼마 전 어느 배우가 자신의 직업 세계에 대한 이야기를 해주었는데, 그것은 우리 시대의 전반적인 상황을 상징하는 것처럼 보였다. 배우들은 지극히 감동적인 사랑, 친절, 친밀한 관계 등을 표현하는 장면들을 연습하는 동안에도 서로를 질투하며 자신이 성공할 수 있는 기회를 상대방에게 빼앗기지 않을까 염려한다고 한다. 즉 무대 뒤에서는 미움과 가혹함과 상호간의 의심이라는 장면이 전개된다는 것이다. 무대 위에서는 다정하게 서로 입을 맞추는 사람들이 무대 뒤에서는 서로 때리고픈 유혹을 받으며, 조명을 받으며 심오한 사랑의 감정들을 표현했던 사람들이지만 조명이 희미해질 때에는 가장 경박하고 적대적인 경쟁 의식을 나타낸다는 것이다.

우리가 사는 세상도 연극 무대와 흡사하다. 배우들은 상호간의 적개심으로 인해 상대방을 불구로 만들면서도 무대 위에서는 평화와 정의와 사랑을 표현한다. 사회에 기여하겠다는 희망을 가지고 학문과 일을 시작한 의사, 성직자, 변호사, 사회 사업가, 심리학자, 상담자들이 사적인 관계나 직업적인 관계로 모이는 집단에서 강한 경쟁심과 적개심의 희생자가 되는 일이 없는가? 강단에서는 평화와 사랑을 선포하는 성직자들 중에서도 자기 집 식탁에서는 사랑과 평화를 발견하지 못하는 사람들이 많다. 가족간의 갈등을 치료하기 위해 노력하는 사회사업가들 중에서 많은 사람들은 자기 가정에서 동일한 갈등과 싸운다. 도움을 청하는 사람들의 이야기 속에 바로 자기 자신의 고통이 담겨 있음을 느끼며 내적인 염려를 느끼는 사람이 얼마나 많은가?

아마 우리에게 치유의 능력을 줄 수 있는 것은 바로 이러한 역설일 것이다. 우리가 자신의 적개심과 두려움을 인식하고 거리낌 없이 인정할 때, 우리는 그와 반대되는 감정을 느낄 수 있을 것이며, 우리 자신과 이웃들이 그러한 감정을 소유하게 되기를 원할 것이다. 우리의 삶이라는 무대 위에서 상연되는 연극은 겉보기에는 무대 뒤에서 진행되는 것보다 훌륭할 것이다. 우리가 그러한 상태를 기꺼이 인정하며 그것을 최소화하기 위해 노력하는 한, 우리는 겸손하게 다른 사람들에게 봉사하게 할 수 있다.

자유롭고 다정한 공간 창조

우리 자신이 느끼는 적개심의 등고선을 민감하게 의식하게 되면, 우리가 지향하여 이동해야 할 상대편 감정, 즉 환대의 윤곽을 그릴 수 있다. 환대를 의미하는 독일어 "Gastfreundschaft"는 손님에 대한 우애을 의미한다. 역시 환대를 의미하는 네델란드어 "gastorijheid"는 손님의 자유를 의미한다. 이것은 네덜란드인은 우애보다 자유를 더 중요시한다는 것을 반영할 수도 있지만, 어쨌든 환대는 손님을 구속하지 않으면서 우애를 베풀며, 그를 홀로 내버려두지 않으면서 자유를 제공하는 것임을 분명하게 보여준다.

그러므로 환대란 주로 낯선 사람이 들어와서 원수가 아닌 친구가 될 수 있는 자유로운 공간을 창조하는 것을 의미한다. 환대는 사람들을 변화시키는 것이 아니라, 그들이 변화될 수 있는 공간을 제공하는 것이다. 환대란 사람들을 밖으로 끌어내는 것이 아니라 구분하는 방침의 방해를 받지 않는 자유를 제공하는 것이다. 그것은 선택할 대안이 없는 구석으로 사람들을 끌어가는 것이 아니라, 광범위한 선택과 위임의 범주를 제공해 주는 것이다. 그것은 교육에 의해 좋은 책, 좋은 이야기, 좋은 일과 친밀해지는 것이 아니라, 마음이 두려움에서 해방되어 대화가 성립되고 풍성한 열매를 맺게 되는 것이다. 그것은 우리의 하나님과 우리의 방법을 행복의 판단 기준으로 만드는 것이 아니라, 사람들이 각기 자신의 하나님과 자신의 방법을 발견할 기회를 열어주는 것이다.

환대는 두려운 공간을 창조하기를 원하는 것이 아니라, 낯선 사람이 들어와서 자신이 자유로운 존재가 되었음을 발견할 수 있는 다정한 공간, 자유로이 노래하고, 하고 싶은 말을 하며 춤을 출 수 있는 공간, 자신의 소명을 따르거나 버릴 수 있는 자유가 있는 공간을 만들기를 원한다. 환대는 주인의 생활 방식을 채택하라는 교묘한 권유가 아니라 손님에게 자기 자신의 생활 방식을 발견할 수 있는 기회를 부여해 주는 것이다.

도로우(Thereau)는 이러한 태도의 좋은 본보기를 다음과 같은 글로 나타냈다.

> 나는 어떤 이유에서든 사람들이 나의 생활 양식을 채택하는 것을 원치 않는다. 왜냐하면 그들이 나의 생활 양식을 제대로 배우기 전에 내가 또 다른 생활 양식을 발견할 수도 있으며, 또 나는 이 세상에 가능한 한 많은 상이한 사람들이 존재하기를 원하기 때문이다. 나는 사람들이 각기 자기의 아버지나 어머니나 이웃의 방식이 아니라 자신의 방식을 발견해 내고 추구하게 되기를 원한다.[1]

상대방을 위한 공간을 만들어 준다는 것은 결코 쉬운 일이 아니다. 거기에는 집중적인 노력과 분명한 작업이 필요하다. 그것은 마치 사고가 발생하여 공포에 질려 있는 군중들 사이로 앰블런스가 통과하여 사고 현장에 도착할 수 있는 공간을 마련하기 위해 노력하는 경찰의 과업과 흡사하다. 사실 경쟁심, 권세와 즉각적인 결과를 원하는 마음, 조급함과 좌절감, 특히 분명한 두려움이 강력하게 대두하여 우리 삶의 모든 빈 공간을 채우려는 경향이 빈번하게 나타난다.

  빈 공간은 두려움을 만들어 내는 경향이 있다. 우리의 정신과 마음과 손이 일을 하는 동안에는 우리는 고통스러운 문제들, 우리가 주의를 기울이지 않았으며 일깨우기를 원치 않은 문제들과의 대면을 피할 수 있다. "바쁘다는 것"은 하나의 신분의 상징이 되었으며, 대부분의 사람들은 몸과 정신을 끊임없이 움직이라고 서로를 격려한다.

  멀리서 보면, 우리는 서로 상대방에게 한 순간의 침묵도 허락하지 않고 말과 행동으로 가득차게 만들려고 노력하는 듯이 보인다. 주인들은 항상 손님들에게 말을 건네야 하며, 할 일과 구경거리와 만날 사람 등을 제공해야 한다고 생각한다. 그러나 모든 빈 공간을 가득 채우고 모든 빈 시간을 완전히 점유하는 경우, 자칫하면 그들의 환대는 강압적인 것이 되고 만다.

점유된 공간과 선점된 공간

  우리는 대부분 빈 공간을 찾기보다는 무슨 일이든 하기를 원하며, 무슨 일이든 하지 않으면 불안을 느낀다. 우리는 한 시간 후나 내일이나 내년에 할 일을 알지 못할 때에 두려움을 느낀다. 그러므로 무슨 일에 종사한다는 것은 축복이요, 할 일이 없다는 것은 저주라고 할 수 있다. 사람들은 전화를 걸 때에 흔히 상대방에게 "바쁘시겠지만…"이라는 말로 대화를 시작한다. 만일 우리가 "전혀 그렇지 않습니다. 나는 오늘, 내일, 일 주일 내내 한가합니다"라고 말한다면 상대방은 당황할 것이며, 우리의 명예가 손상될 수도 있을 것이다. 우리의 고객은 할 일이 없어 빈둥거리는 사람에게는 거의 관심을 두지 않을 것이다.

바삐 활동하며 움직이는 것은 거의 우리의 체질처럼 되었다. 우리는 신문을 읽지 않거나 라디오를 듣지 않거나 텔레비전을 보지 않거나 방문객을 접대하지 않거나 전화를 받지 않은 등 할 일이 없어 앉아 있으면 불안과 긴장을 느끼며, 따라서 정신을 집중할 수 있는 일이라면 무엇이든 환영한다.

이런 까닭에 침묵한다는 것은 참으로 어려운 일이다. 많은 사람들이 침묵과 안정과 정적을 원한다고 말하지만, 실제로는 수도원의 정적을 거의 감당하지 못한다. 그들 주위에서 모든 움직임이 정지되었을 때, 질문을 하거나 충고를 구하거나 도움을 제공하는 사람이 없을 때, 또 들을 음악이나 읽을 신문이 없을 때, 그들은 내적인 불안을 느끼며, 그렇기 때문에 어떻게 해서든 다시 활동에 참여할 수 있는 기회를 붙들려 한다. 그러므로 관상 수도원에서 보내는 처음 몇 주간이나 몇 달이 겉으로 보이는 것처럼 그렇게 불안한 것은 아니다. 휴가를 고요한 수도원보다는 혼잡한 해변이나 캠프장이나 사교 센터에서 보내는 일이 흔한 것도 그리 놀라운 일이 아니다.

이 모든 것은 일보다는 선입관이 훨씬 더 큰 걸림돌이라는 사실을 보여준다. 우리는 개방된 공간과 비어 있는 장소를 두려워하기 때문에, 실제로 그런 곳에 처하기 전에 먼저 우리의 정신이 그것들에게 사로잡힌다. 우리는 미해결의 문제들을 미해결의 상태로, 개방되어 있는 상황을 개방된 그대로 버려두지 못하기 때문에 근심과 걱정에 사로잡힌다. 그것들은 우리로 하여금 그 상황에 적합한 듯이 보이는 해결책과 해답이라면 무엇이든지 붙들게 만든다. 그것들은 우리가 사람들 및 사건들의 불가해성을 용납하지 못한다는 것을 드러내 주며, 우리로 하여금 비어 있는 공간을 자신이 만들어낸 환상들로 채우기 위해 꼬리표나 분류를 찾게 만든다.

우리는 선입관에 사로잡혀 있으며, 뭐라 이름할 수 없는 공허함과 조용한 독거를 두려워한다. 실제로 우리는 선입관 때문에 새로운 체험을 하지 못하며, 항상 이미 알고 있는 방법에 매달린다. 선입관이란 사물을 언제나 동일하게 유지하는 방법이다. 우리는 선한 불확실성보다는 악한 확실성을 선호하는 듯하다. 선입관은 우리로 하여금 자신이 여러 해 동안 만들어온 자신의 세계를 유지하도록 도와주며, 혁명적인 변화의 길을 차단한다.

우리가 느끼는 두려움, 불확실성, 적개심 등은 우리가 마치 귀중한 재산인 듯이 붙들고 놓지 않는 사상과 견해와 판단과 가치 기준들로 우리 자신의 내면 세계를 채우게 만든다. 우리는 자기 앞에 전개되는 새로운 세계의 도전을 직시하며 개방된 전쟁터에서 싸우지는 않고, 오히려 자신이 과거에 수집해온 친숙한 삶의 항목들을 붙들고 놓지 않으려는 염려의 배후에 숨는다.

야키 인디안(Yaqui Indian)인 돈 후앙(Don Juan)이 인류학자인 칼로스 카스타네다(Carlos Castaneda)와 나눈 대화에는 선입관이라는 보수적인 세력이 설득력 있게 표현되어 있다. 어느날 칼로스는 돈 후앙에게 인디안의 가르침을 따라 보다 나은 생활을 하려면 어떻게 해야 하느냐고 물었다. 돈 후앙은 "당신은 생각과 말이 너무 많습니다. 그러므로 당신은 혼잣말을 그만두어야 합니다"라고 대답했다. 그의 설명을 따르면, 우리는 내적 대화에 의해서 자신의 세계를 유지하는데, 혼잣말을 하다 보면 결국 모든 일에 있어서 우리의 내적 선택을 되풀이하며 항상 동일한 길에 머물게 된다고 한다.

만일 우리가 세상이란 그렇고 그런 것이라고 혼잣말 하는 것을 그만둔다면, 세상은 그렇고 그런 세상이 되지 않을 것이다. 돈 후앙은 칼로스가 그러한 충고를 받아들일 준비가 되었다고는 생각하지 않았지만, 그에게 세상에게 귀를 기울이며 변화가 일어나는 것을 용납하라고 충고해 주었다.[2]

이러한 충고는 "조직 순응자"에게는 이상하게 들릴 수도 있을 것이다. 그러나 예수 그리스도의 말씀을 마음에 새기고 있는 사람들에게는 전혀 이상하게 들리지 않는다. 그리스도께서는 우리의 근심 때문에 나라―즉 새로운 세계―가 임하게 하는 일이 방해를 받는다고 말씀하시지 않았는가? 돈 후앙은 우리의 마음과 정신이 염려로 가득하여 새로운 실체를 발표하는 음성을 듣지 않는데, 어찌 새로운 일이 발생하기를 기대할 수 있겠느냐고 묻는다. 예수께서는 "무엇을 먹을까 무엇을 마실까 무엇을 입을까 하지 말라 이는 다 이방인들이 구하는 것이라 너희 천부께서 이 모든 것이 너희에게 있어야 할 줄을 아시느니라 너희는 먼저 그의 나라와 그의 의를 구하라 그리하면 이 모든 것을 너희에게 더하시리라 그러므로 내일 일을 위하여 염려하지 말라 내일 일은 내일 염려할 것이요 한 날 괴로움은 그날에 족하니라"고 말씀하셨다(마 6:31-34).

이와 같이 일에 사로잡히고 편견에 사로잡힌 사회에서

공간을 만들어 낸다는 것이 결코 쉬운 일이 아니라는 것을 알 수 있다. 특히 우리가 구원, 구속, 치유, 그리고 새 생명을 기대할 때에, 우리에게 우선적으로 필요한 것은 우리에게 어떤 일이 발생할 수 있는 수용적이고 개방된 장소이다. 그러므로 환대는 매우 중요한 태도이다. 우리의 새로운 계획이나 기획이나 사상에 의해서는 세상을 변화시킬 수 없다. 또 우리의 확신이나 이야기나 충고나 제안에 의해서 다른 사람들을 변화시킬 수도 없다. 그러나 우리는 사람들이 힘을 얻어 적개심을 버리며 자신의 일과 선입관을 버리고 내면에서 들려오는 음성에 귀를 기울일 수 있는 공간을 제공할 수는 있다. 무엇인가를 배우려면 먼저 자신을 비워야 한다는 것은 다음과 같은 선(禪) 이야기에 잘 묘사되어 있다.

> 명치유신(1868-1912) 시대에 난인이라는 선사(禪士)가 살고 있었다. 어느날 어느 대학 교수가 그를 찾아와 선에 대한 질문을 했다. 난인은 그에게 차를 대접했다. 그런데 손님의 잔이 가득 찼는데도 난인은 계속 차를 따르는 것이었다. 교수는 잔이 넘쳐 흐르는 것을 보다가 "잔이 가득차서 더 이상 담을 수 없습니다"라고 말했다. 그러자 난인은 "당신도 이 잔처럼 자신의 견해와 사변으로 가득차 있습니다. 당신이 자신의 잔을 비우지 않는데 내가 어떻게 선을 당신에게 가르쳐 줄 수 있겠습니까?"라고 대답했다.[3]

적개심을 환대로 전환하려면 우리의 팔을 내밀어 인간들과 접촉하며 그들을 새로운 관계 속으로 초청할 수 있는 다정한 공간을 만들어야 한다. 이러한 전환은 교묘하게 조작되는 것이 아니라 내면에서부터 발달되어야 하는 내적 사건이다. 우리가 식물을 자라게 할 수는 없으며 다만 식물의 성장을 방해하는 잡초와 돌을 제거할 수 있듯이, 우리는 어떤 사람으로 하여금 개인적이고 친밀한 마음의 변화를 하게 만들 수는 없으며 다만 그러한 변화가 일어날 수 있는 공간을 제공할 수 있을 뿐이다.

5
환대의 형태

우리가 유지하고 있는 관계들

적개심에서 환대로의 이동은 사람들에 대한 우리의 관계를 결정하는 움직임이다. 아마 우리는 결코 적개심에서 완전히 해방되지는 못할 것이다. 심지어 우리의 정서 생활이 적대감의 지배를 받아 우리가 다른 사람들과 거리를 두며, 거의 대화를 하지 않으며, 편지도 거의 쓰지 않게 될 수도 있다. 때로는 생활 속에서 발생하는 사건들이 슬픔, 질투, 의심, 복수심 등의 감정을 만들어 내기도 하는데, 이런 감정들을 치료하려면 시간이 필요하다.

비록 우리가 환대를 지향하는 생활을 원한다 해도, 인생이란 너무나 복합적인 것이기 때문에 현실적으로 일방적인 행동 방향을 기대하기는 어렵다. 그러나 우리가 다른 사람으로부터 환대를 받고 있음을 의식하며 친히 어떤 공간을 만들어 낼 수 있는 순간에 대해 감사를 느낄 때에, 우리는 자신의 내면의 움직임에 대해 더욱 민감하게 되며, 동료 인간들에 대해 보다 개방적인 태도를 나타낼 수 있을 것이다.

환대란 우리가 낯선 이에게 손을 뻗어 관계를 가지며 친구가 되자고 권할 수 있는 다정하고 자유로운 공간을 만드는 것이라고 여긴다면, 그것은 다양한 수준과 다양한 관계 속에서 이루어질 수 있다. 비록 낯선 이가 하는 말은 그가 우리와는 다른 세상에 속해 있으며 우리와 다른 언어를 사용하며 다른 관습을 가진 사람이라는 것을 암시하더라도, 그 사람을 우리의 친숙한 집단 속에서 받아들여 인정해 주는 것이 중요하다.

우리가 낯선 사람들을 환대하는 좋은 주인이 될 때, 우리는 보다 넓은 차원에서 환대를 발휘할 수 있는 방법을 발견할 수도 있을 것이다. 그러므로 환대의 시각에서 보다 훌륭하게 이해할 수 있는 세 가지 유형의 관계—부모와 자녀의 관계; 교사와 학생의 관계; 그리고 의사, 사회사업가, 심리학자, 간호원, 목사, 사제 등 전문가들과 그들이 상대하는 환자나 고객이나 상담자나 교인들 간의 관계—를 세밀하게 관찰하는 것도 의미 있는 일이다.

우리는 일생 중 어느 시기에 이 세 가지 유형의 관계에 개입하게 된다. 삶의 복합적이기 때문에 우리는 동시에 이 세 가지 유형 중에서 두 가지, 혹은 세 가지 모두에 개입되기도 한다. 우리는 어떤 상황에서 자녀의 아버지요 학생들의 교사요 상담을 청하는 사람의 상담자인 동시에, 다른 상황에서는 자녀요 학생이요 환자가 되기도 한다. 우리는 선한 어머니가 되려고 노력하는 동안에도 여전히 딸로서의 책임감을 지니며, 낮에는 학생들을 가르치지만 밤에는 학생이 되어 교실에 앉아 있으며, 다른 사람들에게 충고를 하면서도 동시에 이따금 자신에게 충고가 필요하다는 것을 절실하게 느끼기도 한다. 우리는 모두 자녀인 동시에 부모요, 학생인 동시에 교사요, 치료자인 동시에 치료를 필요로 한다.

그러므로 우리는 때에 따라 각기 다른 방법으로 다른 사람들의 세계에 드나든다. 이처럼 많은 드나듦이 계속적으로 학생들, 연구 계획, 책, 기관들을 증가시키는 동안, 환대라는 개념은 이 모든 인간 관계에 통일된 중요성을 부여할 수도 있을 것이다. 그것은 우리를 도와 그것들이 "네 이웃을 네 몸과 같이 사랑하라"(막 12:31)는 위대한 명령 밑에 함께 서 있음을 깨닫게 해줄 것이다.

부모와 자녀

부모와 자녀의 관계를 환대라는 용어로 설명하는 것은 이상하게 보일 것이다. 그러나 어린이는 소유하거나 다스리는 재산이 아니라 사랑하고 돌보아 주어야 할 선물이라는 것이 기독교 메시지의 핵심이다. 우리의 자녀들은 지극히 귀중한 손님들이다. 그들은 우리의 집에 들어와 세심한 관심을 요구하며 잠시 머물다가 떠나 각기 자기의 길을 간다.

그런 의미에서 자녀들은 손님이며, 우리는 반드시 그들에 대해 알아야 한다. 자녀들은 자기 나름대로 선악을 다루는 능력과 리듬과 형식을 가지고 있으므로 부모의 시각에서 그들을 해석해서는 안된다. 그러므로 부모들이 자기 자녀들에 대해서 "그 아이들은 전혀 다릅니다. 조금도 같은 데가 없어요. 그들을 보면 계속 놀라게 됩니다"라고 말하는데 이것은 조금도 놀라운 일이 아니다. 다른 가족들이나 친구들도 그렇지만 특히 부모들은 종종 자녀들이 자기들과는 다르고, 자녀들끼리도 다르다는 것을 깨닫는다.

자녀들을 환대하는 가정에는 자녀들을 위한 하나의 약

속, 교육을 통해 드러내야 하는 감추인 보물이 들어 있다. 이처럼 어린 손님들로 하여금 편안하게 느끼게 만들려면 많은 시간과 인내가 필요하다.

부모들은 자녀들을 사랑하는 법을 배워야 한다. 때로 자신들이 아기를 원치 않았기 때문이 아니라 사랑은 자동적인 반작용이 아니기 때문에 자신은 새로 탄생한 아기를 특별한 애정을 느끼지 않은 채 단지 낯선 손님으로서 바라본다고 거리낌 없이 말하는 부모도 있을 것이다. 사랑은 성장하고 심화되어야 하는 관계에서 솟아난다. 부모 자식 간의 사랑이 자라고 성숙하면, 그들은 서로에게 손을 내밀어 접촉하여 동료 인간으로서 서로 공유할 것이 많다는 것, 그리고 나이와 재능과 행동의 차이점보다는 그들이 지니고 있는 공통된 인간성이 더 중요하다는 것을 발견하게 된다.

부모가 자녀에게 제공할 수 있는 것은 가정이다. 즉 자녀들을 맞아주는 장소요 동시에 자녀들이 유익한 것과 해로운 것을 발견하고 발전시킬 수 있는 안전한 울타리를 지닌 곳이다. 그곳에서 자녀들은 두려움 없이 질문을 할 수 있고, 거부당할 염려 없이 삶을 시험해 볼 수 있다. 그곳에서 그들은 자신의 내적 자아에게 귀를 기울이며, 가정을 떠나 여행할 수 있는 자유를 계발하라는 격려를 받을 수 있다. 환대하는 가정이란 진실로 부모와 자녀가 각기 자기의 재능을 드러내며, 동일한 인간 가족의 일원으로서 존재하며, 생계를 유지하기 위해 서로 도울 수 있는 곳이다.

자녀들을 손님이라고 의식해야만 그들에게 자유를 줄 수 있다. 많은 부모들은 자녀들에 대해 깊은 죄의식을 느끼며, 아들이나 딸이 행하는 모든 일에 대해 자신이 책임을 져야 한다고 생각한다. 부모들은 자녀들의 생활 방식이 자기의 마음에 들지 않으면, "내가 그 아이를 잘못 길렀구나. 어떻게 해야 이런 행동을 막을 수 있었을까?"라고 질문함으로써 자신을 질책하며, 자신이 어디에서부터 실패했는지 알려 한다. 그러나 자녀들은 꼭두각시 인형을 조종하듯이 마음대로 조종하거나 사자를 조련하듯이 길들일 수 있는 소유물이 아니다.

그들은 우리가 책임져야 할 소유물이 아니라, 반응해 주어야 하는 손님이다. 많은 부모들은 새로 탄생한 아기에게 세례를 주는 것이 무슨 의미를 갖느냐고 질문을 한다. 유아 세례의 중요성 중 하나는, 부모들은 아기를 교회에 데리고 갈 때에 그 아기가 자기들 개인의 소유가 아니라 하나님께서 그들의 가정보다 더 큰 공동체에게 주신 선물이라는 것을 상기하게 된다는 데 있다. 우리의 문화권에서는 자녀에 대한 모든 책임은 부모에게 있는 듯하다. 여러 세대가 각기 고립되어 생활하며 이웃을 두려워하며 살아가는 아파트 속에서 자라는 아기는 부모 이외에 의지할 대상을 발견하지 못한다.

> 언젠가 나는 멕시코를 여행하는 동안 어느 마을 광장 벤치에 앉아서 대가족 사회에서 생활하고 있는 그곳의 어린이들을 보았다. 이모, 삼촌, 친구, 이웃 등이 그들을 안아주고 입맞추며 데리고 다닌다. 그 광장에서 즐겁게 시간을 보내고 있는 사람들 전체가 어린 아이들의 아버지요 어머니인 듯했다. 그들의 애정과 두려움 없는 행동은 나로 하여금 그들에게는 모든 사람이 가족이라고 의식하게 만들었다.

우리와는 다르지만 우리와 함께 어울려 보다 큰 규모의

가족을 형성할 수 있는 사람들을 만날 수 있는 몇 안되는 장소들 중의 하나가 교회이다. 유아 세례를 받게 하기 위해 아기를 데리고 교회에 가는 것은 최소한 그들이 태어난 곳이요 그들이 두려움 없이 자라 어른이 될 수 있는 자유로운 공간을 제공할 보다 큰 규모의 공동체를 상기하게 해주는 중요한 일이다.

부모가 해야 할 어려운 과업은 자녀들이 성장하여 육체적으로나 정신적으로나 영적으로 독립하며 책임감 있는 행동을 하게 해주는 자유를 누릴 수 있도록 도와주는 것이다. 부모에게는 자녀들에게 집착하며, 자신이 이루지 못한 욕망을 이루기 위해 자녀들을 사용하며, 직접적으로나 간접적으로 자신이 자녀들에게 많은 것을 베풀어 주었다고 암시하면서 계속 그들을 붙들어 놓고픈 유혹이 항상 존재한다. 여러 해 동안 사랑하여 공들여 길러 놓은 자녀가 우리 곁을 떠나는 것은 견디기 어려운 일이다. 그러나 자녀들은 손님이며, 우리는 그들의 운명을 알지 못하며 그들에게 명령할 수도 없다는 것을 상기한다면, 우리는 그들에게 축복하며 평안한 마음으로 그들을 떠나 보낼 수 있을 것이다.

좋은 주인은 손님들을 정중하게 영접하며 그들에게 필요한 보살핌을 제공할 수 있을 뿐 아니라 그들이 떠나야 할 시간이 되었을 때에는 기분 좋게 보내줄 줄도 아는 사람이다.

교사와 학생

부모와 자녀 사이의 관계에서 뿐만 아니라 교사와 학생의 관계에서도 환대는 서로 주고 받는 창조적인 인간 관계의 본보기라고 여길 수 있다. 새로운 영, 대속적이고 자유하게 하는 영성이 필요한 곳을 든다면, 많은 사람들이 교사나 학생으로서 생에서 가장 중요한 시기를 보내는 교육 분야라고 할 수 있다. 우리 문화권에서의 가장 큰 비극 중의 하나는 수많은 젊은이들이 강의를 듣고 책을 읽고 리포트를 작성하면서 반항심을 느낀다는 것이다. 이러한 현상이 널리 퍼져 있기 때문에, 학생들의 주의를 끌며 그들에게 동기를 부여하여 학업에 임하게 만드는 교사들은 찬사와 칭송을 받는다. 실제로 모든 학생들은 교육이란 자신이 이행해야 할 끝없는 의무라고 생각한다. 혹 사람들의 자연적이고 자발적인 호기심을 죽이며 인간의 지식욕을 둔화시키는 데 성공한 문화를 들라면, 우리가 살고 있는 기술 중심의 사회를 들 수 있을 것이다.

학생들에게는 최소한 20페이지 이상의 리포트를 작성해 낼 의무가 있다고 생각하는 우스꽝스러운 상황에 대해 교사들은 무감각해져 있다. 생사의 문제에 대한 강의를 듣는 학생들이 얼마나 더 강의를 들어야 하느냐고 질문해도 우리는 놀라지 않는다. 대부분의 학생들은 말이나 글로 자신의 경험을 표현한 사람들의 도움을 받아 인간 생존의 가치와 의미를 찾는 일에 여러 해를 보내려 하지 않는다. 그들은 항상 학점과 학위와 상을 받기 위해 노력하면서 심지어는 자신의 성장까지도 희생시키려 한다.

그러한 분위기에서는 학습에 대한 막대한 저항감이 자라난다. 그리고 학생들이 교사를 대할 때 지식과 명철을 탐구하는 일을 도와주는 안내자가 아니라 권위적인 상사라고 느끼는 교육 환경으로 말미암아 진정한 정신적, 정서적 발달이 저지된다.

또 하나의 중요한 교육적 문제는 문제를 제기함이 없이

해답을 제시하는 것이다. 학생들의 지식과 인격 형성에 있어서 학생들 자신의 경험이 그다지 활용되지 않는 듯하다. 교사들이 사랑과 미움, 두려움과 기쁨, 희망과 절망 등에 대해 강의하는 동안 학생들은 그저 노트에 기록하거나 지루함을 느껴 창 밖을 내다본다. 학생들 자신이 체험한 사랑과 증오, 두려움과 기쁨, 희망과 절망을 자기에게 유익한 것으로 만드는 기회를 갖지 못했다는 것, 그리고 그들의 개인적인 원천에서부터 그들 자신의 진정한 문제가 생겨나지 못했다는 것을 인식해야 이것을 이해할 수 있다. 그러나 적대적인 분위기에서는 학생들은 중요한 삶의 문제들이 다루어지지 않고 있다는 것을 자신이나 동료 학생들이나 교사에게 알리기를 원하지 않는다.

그러므로 교육에는 무엇보다도 학생과 교사가 두려움 없이 의사 소통을 하며 자신이 체험한 삶의 체험들을 성장과 성숙의 중요하고 귀한 원천으로 삼게 만들어 주는 공간의 창조가 필요하다. 교육에 있어서는 교사와 학생이 서로 맞수가 아니라 동일한 투쟁에 참여하며 동일한 진리를 함께 탐구하는 사람으로서 임하는 상호 신뢰가 필요하다.

선(禪)에 관한 책을 열심히 읽고 요약하여 제출한 학생이 있었다. 그러나 그의 생활 속에는 불안, 고독, 독거와 정적에 대한 갈망 등의 체험은 전혀 없었다. 말이 의사 전달에 장애물이 될 수 있듯이, 책도 역시 자각에 방해가 될 수 있다.

교사는 물론이요 학생들까지도 거부당하는 데 대한 두려움, 자신의 능력에 대한 의심과 불안, 상대방에 대한 표현되지 않는 분노의 영향을 깊이 받는 환경은 비교육적이다. 자신이 두려워하는 사람 앞에서 자기의 귀중한 재능을 나타낼 사람은 한 사람도 없다.

그러면 교실에서 교사와 학생이 호의적으로 대하는 것은 가능한가? 그것도 결코 쉬운 일이 아니다. 왜냐하면 교사와 학생은 개인의 성장과 발달보다 학점을 취득하는 것이 중요시되는 지극히 권위적인 사회, 혹은 업적 위주의 사회에 속해 있기 때문이다. 이처럼 생산 지향적인 사회에서는 학교에서조차도 상이나 처벌에 대한 경쟁심이나 염려없이 인간이 존재하고 사랑하고 일하고 죽는 이유에 대해 질문할 수 있는 시간과 공간이 허락되지 않는다.

그러나 기독교 영성의 관점에서 보면, 교육이란 그러한 질문들을 생각해낼 수 있는 곳, 미리 만들어 놓은 답을 제공하는 것이 아니라 개인적으로 진지하게 그러한 질문을 대면할 수 있도록 격려해주는 공간을 마련하기 위한 참여를 의미한다. 환대라는 면에서 교육을 바라보면, 교사란 학생들이 정신적으로나 정서적으로 발달할 수 있는 자유롭고 두려움 없는 공간을 만들라는 부름을 받았다고 말할 수 있다.

"교사의 영성"에 대해 이야기할 때에 교사의 업무에서 특별히 관심을 두어야 할 두 가지 면이 있으니, 곧 숨은 재주를 "나타내 주는 것"과 "확인해 주는 것"이다.

학생들을 호의로 맞이하는 교사는, 학생들은 무엇인가 다른 사람들에게 제공할 것을 소유하고 있다는 것을 드러내 준다. 많은 학생들은 여러 해 동안 받아들이는 입장에서만 활동해왔으며 아직도 배워야 할 것이 많다는 생각에 젖어 있기 때문에 자신감을 잃고 있으며, 자기보다 교육을 덜 받은 사람들에게만 아니라 동료 학생들과 교사들에게 무엇인가 베풀어 줄 것이 있다는 생각은 거의 하지 못한다.

그러므로 교사는 먼저 학생들의 지적 생활을 덮고 있는 베일을 지적하여 드러내고 제거해 주어야 한다. 또 그들을 도와줌으로써 그들이 자신의 생활 체험, 자신의 식견과 확신, 자신의 직감과 계통적인 조직화 등에 주의를 기울이는 것이 가치 있는 일임을 깨닫게 주어야 한다.

선한 주인은, 자기를 찾아온 손님이 약속을 가지고 있으며, 순수한 관심을 나타내는 사람에게 그것을 계시해 주기를 원한다고 믿는다. 학생들이 읽지도 않은 책, 들어 보지도 못한 용어, 그들이 알지 못하는 상황 등을 가지고 그들에게 감명을 주기는 쉽다. 그러나 학생들로 하여금 자신의 삶 속에서 밀과 잡초를 구분하게 해주며 그들이 지니고 있는 아름다움을 나타내도록 도와주는 것은 훨씬 어려운 일이다.

우리가 베푸는 것을 받아들일 수 있는 사람이 없는 한 우리는 결코 자신에게 남에게 줄 것이 있다고 생각하지 않을 것이다. 실제로 우리는 받는 사람의 눈 속에서 우리의 선물들을 발견한다. 학생들에게 감명을 주며 그들을 통제하려는 욕망에서 탈피할 수 있는 교사들, 자기가 가르치는 학생들이 지니고 있는 뉴스거리를 받아들일 수 있는 교사들은 이러한 수용적 태도가 있어야 그들이 지니고 있는 선물들을 볼 수 있다는 것을 발견할 것이다.

선한 것이나 귀한 것, 혹은 새로운 공헌거리라고 드러난 것이 있으면 그것을 확언해주어야 한다. 확언과 격려와 지원이 비판보다 더 중요하다. 선한 주인이란 손님으로 하여금 숨은 재능을 발견하도록 도와줄 뿐 아니라 그들이 이러한 재능을 계발하여 새로운 자신감을 가지고 자력으로 인생을 살아갈 수 있도록 도와주는 사람이다.

오늘날 학교에는 자기-회의라는 질병이 만연하고 있기

때문에 학생이 지닌 숨은 재능을 확언해주는 것이 어느 때보다 더 중요하다. 확언에는 여러 가지 의미가 있을 수 있다. 그저 흥분과 놀라움의 표현일 수도 있고, 혹은 감사의 말을 의미할 수도 있다. 또 양서를 추천하거나 특별한 재능을 지닌 사람을 소개하는 것을 의미할 수도 있다. 혹은 단지 적절한 사람들을 모으거나 더 많은 사색을 할 수 있는 시간과 공간을 마련하는 것을 의미하기도 한다. 그러나 거기에는 항상 귀중한 선물에 관심을 갖고 계속적으로 보살펴야 한다는 내적 확신이 포함된다.

특히 종교 교육에서는 학습자가 지니고 있는 숨은 재능을 드러내 주는 것과 그것을 확언해 주는 것이 대단히 중요하다. 학생들이 종교 과목을 좋아하지 않는 것은 대체로 그들 자신의 생활 체험이 그다지 다루어지지 않는다는 사실과 관련이 있다. 기독교인들이 많듯이 기독교인이 되는 방법도 많다. 교리나 미리 작성된 개념을 주입하는 것보다는 학생들이 사랑하고 베풀고 창조할 수 있는 잠재력을 나타낼 수 있는 곳, 그들로 하여금 두려움 없이 탐색을 계속하도록 격려해주는 확언을 발견할 수 있는 곳을 제공하는 것이 더 중요하다고 생각된다.

우리 자신의 생활 체험과 접촉하며, 자유와 새 생활을 원하는 내적 갈망에 귀를 기울이는 법을 배운 후에야 우리는 예수께서 그저 말씀하시는 데 그치지 않고 우리의 지극히 개인적인 욕구들에까지 접촉하여 주셨다는 것을 깨달을 수 있다. 복음서는 그저 기억해둘 만한 가치가 있는 사상들을 담고 있는 기록이 아니다. 그것은 우리 각 사람이 처한 인간적 상황에 응답하는 메시지이다. 교회는 우리에게 그 규칙들을 따르라고 강요하는 기관이 아니다. 그것은 우리에게 교회의 식탁에 나아와 굶주림과 목마름을 해소하라고 초청하는 사람들의 공동체이다. 교리란 우리가 반드시 고수해야 하는 생소한 공식들이 아니라 어두움 속을 비추는 빛이요, 시간과 공간을 초월하여 이 세대에서 저 세대로 전해 내려온 가장 심오한 인간의 체험들을 기록하고 조사한 문서이다.

자신이 어두움 속에 있음을 알지 못하는 사람들에게 빛에 대해 말하는 것이 무슨 의미가 있는가? 여러 가지 길이 있다는 것을 알지 못하는 사람에게 어떻게 참 길에 대해 이야기할 수 있는가? 문제가 있다는 것조차 알지 못하는 사람이 어떻게 진리를 알기를 원하겠는가? 많은 사람들이 종교 교육을 지루하고 불필요하다고 생각하며, 그것이 기쁨보다는 두려움, 영적 자유보다는 정신적 감옥을 만들어 낸다고 불평한다. 그러나 안식과 내적 독거의 처소를 발견해 냈으며 자기의 마음 속에서 제기되는 문제들에게 주의를 기울여본 사람들은 그러한 장소에서 들려오는 말은 우리를 상하게 하는 것이 아니라 치료해 주기 위한 것이라는 것을 깨달을 것이다.

이와 같이 교사와 학생의 관계에서 학습자의 숨은 재능을 드러내 주고 확언하는 것은 중요한 양상이다. 이 두 가지 양상은 다음과 같은 사실을 나타내준다. 즉 학생들이란 그저 학식있는 어른들에게 나아오는 가난하고 궁핍하고 무식한 거지가 아니라, 자신의 방문에 의해 방문하는 집에 영광이 되게 하며 그 집에 무엇인가 공헌을 하고 나서야 그 집을 떠나는 손님과 같다. 가르침을 환대의 형태로 바라보게 되면, 실재하지도 않는 힘겨움에서 그것을 해방시키며 가르침의 기분 좋은 순간들을 다시 찾을 수 있을 것이다.

부모들이 자녀들을 소유물로 여기고픈 유혹을 받듯이,

교사들도 학생들에 대해 그와 유사한 태도를 가질 수 있다. 실제로 많은 교사들은 소유욕에서 비롯된 책임감 때문에 슬퍼하고 낙심한다. 그들은 학생들이 자신의 사상이나 충고나 제안을 받아들이지 않으면 불쾌하게 여기고 심지어는 죄책감조차 느낀다. 또 자신이 불완전하다는 생각으로 고민하기도 한다.

그러므로 학생들이란 특정의 선한 생활 양식이라는 틀에 맞추어 넣을 수 없으며 이미 여러 집을 거쳐 우리의 집을 찾아온 일시적인 방문객에 불과하다는 것을 깨닫는 것이 교사들에게 유익하다. 교사들과 학생들의 관계는, 우선적으로 탐구욕이 강한 학생들에게 교사 자신을 제공해주며, 그들로 하여금 정신과 마음에 새겨진 여러 가지 인상들을 분명하게 발전시키며 그들 자신의 삶의 기초가 될 사상과 감정의 형태를 발견하도록 도와주는 관계이다. 교사들은 학생들의 곁에서 지원하여 줌으로써 그들이 방어적 자세를 버리며 추구할 가치가 있는 계획의 출발점을 발견하기 위해 연약한 것이든 강력한 것이든 자신의 체험에 전력을 기울일 수 있는 안전한 영역을 지닌 공간을 제공해줄 수 있다. 교사들은 학생들로 하여금 사색하고 자신의 비전을 갖도록 격려해 주어야 한다.

그러나 현실적으로 많은 학생들은 자신이 다니고 있는 교육 기관들의 요구에 싫증을 내고 있으며, 새로운 것을 기대하는 사람들을 의심하기 때문에 진정 호의적인 태도를 지닌 교사들에게 반응하지 않으며, 자신과 교사를 신뢰하려는 모험도 하지 못한다.

반면에 고도의 자극을 받아 학생들의 마음을 움직이기 위해 노력하는 일에 싫증이 나고 자기들이 속해 있는 거대한 조직의 요구로 인해 기진맥진한 교사들의 호의성은 방어성으로 전락해 버린다. 그들은 학생들의 숨은 재주를 발굴해주고 확언해 주기는 커녕 오히려 학생들을 단속하고 강요하며, 때로는 감정을 격발하고 복수하는 일도 있다. 그러므로 학교에서 호의적인 주인들을 만들어 내기 보다는 지독한 경쟁자들을 만들어 내고 있다는 것은 그리 놀랄 일이 아니다.

치료자와 환자

마지막으로, 사람들을 돕는 여러 가지 직업에 종사하면서 사람들과 호의적인 접촉을 하기를 원하는 사람들—예를 들어 의사, 사회사업가, 상담자, 목사 등—은 보살핌을 필요로 하여 찾아오는 사람들이 자기의 소유물이 아니라는 것을 기억해야 한다. 여러 형태의 치료 행위가 직업화 되는 데 따르는 커다란 위험은 곧 그것들이 봉사가 아니라 권세를 발휘하는 방법이 된다는 것이다. 많은 환자들—즉 고통하는 많은 사람들—은 자기를 돕는 사람들을 두려움이나 근심스런 태도로 대한다는 것은 쉽게 관찰할 수 있다.

어려운 형편에 있는 사람들은 의사, 심리학자, 정신과 의사, 사제, 목사, 간호원, 사회사업가 등을 마치 신비한 능력을 부여받는 사람인 듯이 존경한다. 대부분의 환자들은 이러한 전문인들이 이해하기 어려운 말을 하며, 질문을 받아주지 않으며, 아무런 설명 없이 자신의 생명과 관계된 일을 결정해도 그대로 받아들인다. 환자들의 얼굴에서 두려움과 경외심이 뒤섞인 이상한 표정을 보려면, 온갖 종류의 환자들이 치료를 받기 위해 기다리는 병원의 대합실에 가보라. 특히 가난한 사람들이야말로 이미 겪고 있는 아픔

에다가 추가되는 이러한 감정들을 느끼기 쉽다.

    나는 볼리비아에서 여름을 보내는 동안 내가 참석한 세례 의식들이 모두 죽은 아기들의 세례라는 것을 발견하고서 혐오감을 느꼈다. 그러나 서서히 나는 많은 사람들이 목회자가 있는 곳에서 너무 멀리 떨어진 곳에 살고 있기 때문에 교회까지 먼길을 가는 것을 주저한다는 것(심지어 다섯 시간이 걸리는 경우도 있다), 그렇기 때문에 자녀들에게 세례를 받게 하지 못했다는 것을 알게 되었다. 질병이나 사고 또는 영양 부족으로 아기가 죽으면 부모들은 죄책감과 두려움으로 아기를 땅에 묻기 전에 교회로 찾아와 세례를 요청했다. 목회자들은 세례는 산 자들에게 베푸는 것이지 죽은 자에게 베푸는 것이 아니라는 신념과 죽은 아기들에게 세례를 주지 않으면 주민들의 두려움과 슬픔을 더욱 깊게 할 뿐이라는 생각 사이에서 갈등을 느끼면서도 가능한 한 그들을 도우려고 노력했다. 이 모든 것은 세월이 흐르는 동안 주민들이 보기에 목회자는 다정한 친구요 신뢰할 수 있는 종이라기보다 거리가 멀고 두렵고 힘센 사람들로 보이게 되었음을 드러내 준다.

    기술적으로 크게 진보한 국가에서조차 목사관은 우리가 아무 때나 문제가 있을 때에 스스럼없이 찾아가 상담할 수 있는 곳이라고 경험하는 사람들은 거의 없다. 사제나 목사를 두려워하는 사람도 있고, 그들에 대해 적대심이나 원한을 느끼는 사람도 있다. 그리고 그들에게서 실질적인 도움을 기대하는 사람들은 그다지 많지 않다. 극소수의 사람만이 거리낌 없이 목사관을 드나든다. 교회는 고통을 겪는 대부분의 사람들이 볼 때에 환대의 집이 아니라 권세의 집인 것이다.

    다른 직업의 경우에도 마찬가지이다. 육체의 병은 나았

지만 비인격적인 대우로 말미암아 기분이 상해 병원을 떠나는 사람들이 얼마나 많은가? 정신과 의사나 심리학자나 사회사업가나 상담자와 상담을 한 후에 그들로부터 느낀 직업적인 거리감과 애매한 태도로 기분이 상해서 돌아오는 사람들이 얼마나 많은가?

다른 사람들을 돕는 일에 종사하는 직업인들을 비난하기는 너무 쉽다. 전문인들은 환자들에게 개방적이고 수용적인 태도를 취해야 한다는 것을 잘 인식하고 있다. 우리 사회에서는 기술 중심의 합리화로 말미암아 치료하는 직업이 지니고 있는 대인적(對人的)인 면들이 비인간화되었으며, 갈수록 증가되는 수요로 말미암아 치료자들은 환자에 대한 지나친 개입을 막기 위해 어느 정도 감정적 거리를 두게 되었다.

이처럼 어려운 환경이지만 치료자는 사람들 간의 폭력을 막을 수 있고 치료자와 환자가 서로를 파괴된 인간의 상태에 동참하는 동료 여행자로 여겨 서로에게 호의적인 손길을 뻗을 수 있는 공간을 창조할 수 있는 영성을 얻기 위해 계속 노력해야만 한다.

기독교적 영성의 관점에서 볼 때, 모든 인간은 일종의 치료자가 되라는 부름을 받았다는 것을 강조하는 것이 중요한 일이다. 비록 장기간 어렵고 특별한 훈련을 받아야 하는 직업이 많지만, 우리는 결코 치료하는 과업을 전문가에게만 떠맡길 수 없다. 사실 전문가들이 자신의 직업을 하나님의 백성들을 대신하여 수행하는 봉사라고 여기지 않고 하나님의 백성의 일부로서 수행하는 봉사라고 생각하고 일을 할 때에만 그들은 인간성을 지닐 수 있다. 우리는 모두 건강을 제공하기 위해 손을 뻗을 수 있는 치료자인 동시에 항상 도움을 필요로 하는 환자이다. 이러한 깨달음이 있어야만 전문가들은 쌀쌀한 기술인이 되지 않으며, 보살핌을 필요로 하는 사람들은 이용을 당한다거나 교묘하게 조종을 받는다는 느낌을 받지 않게 된다.

그러므로 전문화의 위험은 전문가에게 있다기 보다 비전문가에게 있다. 그는 자신의 인간적 잠재 능력을 과소평가하여 쉽사리 자격을 가진 사람들을 의지하며, 그럼으로써 자신의 창조적 능력을 사용하지 않고 버려둔다. 그러나 우리가 낯선 사람을 위해 공간을 만드는 것을 치료라고 본다면, 모든 기독교인들은 이처럼 절대적으로 필요한 형태의 환대를 제공할 수 있으며 기꺼이 제공해야 한다.

나는 어느 기술학교에서 가르치는 동안 무척 많은 상담 요청을 받았다. 물론 그 학교에는 전문적인 상담 요원들이 있었지만 맡은 업무가 너무나 과중했기 때문에 그들은 다른 사람들에게 지원을 요청하곤 했다. 나는 2년 동안 학생들과 함께 일하고 생활하면서 그들이 자신이 지니고 있는 대인(對人)간의 재능을 감추는 것이 아닌가 하는 생각을 하게 되었다. 학급에서의 대화에서, 파티에서, 그리고 상담을 하는 동안 나는 그들이 지닌 동정심, 개방성, 진정한 관심, 기꺼이 대화하려는 태도, 그리고 학생들의 사회에서 거의 나타나지 않게 된 많은 능력들을 보고 체험했다. 많은 학생들은 고독, 공동체의 부족이나 비인간적인 분위기 등에 대해 불평하고, 우정, 지원, 여러 가지 체험에 동참할 사람 등을 원하는 욕망을 표현했으며, 소수의 학생들만이 동료 학생들에게 자신이 지니고 있는 위대한 치료의 재능을 나타내고 발휘했다. 자신이 지니고 있는 인간적 은사에 대한 두려움이나 확신의 결핍 때문에 많은 사람이 지극히 귀중한 재능들을 감추게 된다.

우리는 자신이 알고 있는 것보다 더 많은 일을 서로를

위해 할 수 있다. 어느 날 유명한 정신과 의사인 칼 메닝거(Karl Menninger) 박사가 정신과 수련의들에게 정신과 환자들의 치료 과정에서 가장 중요한 부분이 무엇이냐고 물었다. 어떤 사람은 의사와 환자의 정신 치료학적 관계라고 대답했고, 어떤 사람은 장래의 행동에 대한 조언을 해주는 것이라고 대답했고, 어떤 사람은 어떤 약을 쓸 것인지 처방하는 것이라고 대답했다. 또 병원에서의 치료가 끝난 후에도 가족들과 지속적인 접촉을 하는 것이라고 대답한 사람도 있었고, 그 밖에도 여러 가지 견해들이 있었다. 그러나 칼 메닝거는 이 대답들을 모두 정답으로 받아들이지 않았다. 그가 제시한 정답은 "진단"이었다. 치료자가 우선적으로 해야 하는 가장 중요한 일은 올바른 진단이다. 정확한 진단을 하지 못하면 그에 따른 치료가 거의 효과를 발휘하지 못한다. 다시 말하자면 진단은 치료의 출발점이다.

칼 메닝거가 장차 정신과 의사가 될 수련의들에게 말하면서 의도했던 것은 그 직업에 관련된 진단 기술을 습득하는 데 큰 관심을 기울여야 한다는 것이다. 우리가 진단(diagnosis)이라는 단어가 원래 지니고 있는 바 "철저히 알다"(*gnosis*=knowledge; *dia*=thorough and thorough)라는 의미를 받아들인다면, 모든 치료가 지닌 가장 중요한 양상은 환자—그의 기쁨과 고통, 즐거움과 슬픔, 그의 기복(起伏), 기분 좋은 상태와 좋지 않은 상태 등으로서 이런 것들이 그의 삶의 형태를 결정해왔으며 현재의 상태로 인도해온 것이다—를 완전히 알기 위해 관심을 기울이는 노력을 기울이는 것임을 알 수 있다. 이 일은 결코 쉽지 않은 일이다. 왜냐하면 우리 자신의 고통 및 다른 사람들의 고통을 대면한다는 것은 어려운 일이기 때문이다.

우리가 곁길을 통해 목적지에 도착하기를 좋아하듯이, 또한 치료를 요하는 상처에 대해 완전히 알지 못한 채 다른 사람들을 치료하고 충고하고 조언을 하는 것도 좋아한다. 그러나 우리에게 상대방을 완전하게 알려는 마음이 있으면, 우리는 그에게 손을 내밀어 관계를 갖고 치료자가 될 수 있다. 그러므로 치료란 무엇보다도 고난을 겪고 있는 사람이 진실로 자기의 말에 귀를 기울여줄 사람에게 마음을 털어놓을 수 있는 다정한 공간을 만드는 것이다. 종종 이처럼 상대방의 말에 귀를 기울여 주는 것이 기술로 해석되기도 한다고 한다. 우리는 "그에게 털어놓고 말할 수 있는 기회를 주라. 그러면 그것이 그에게 유익을 줄 것이다"라고 말한다.

환자의 말에 귀를 기울여주는 일의 "정화" 효과에 대해 말하는 것은 곧 "꺼림칙한 것을 털어 놓는 것" 자체가 정화 효과를 가질 것을 암시한다. 그러나 환자의 말에 귀를 기울이는 것은 원숭이가 나사못을 돌리는 것처럼 적용할 수 있는 기술이 아니라 반드시 발달시켜야만 하는 기술이다. 그렇게 되려면 대화하는 쌍방이 실제로 상대방을 대면해야 한다. 그것은 가장 고귀한 형태의 환대이다.

환자를 철저히 알기 위해 환자의 말에 귀를 기울이는 것이 어떻게 치료적인 봉사 행위가 되는가? 그것은 낯선 이로 하여금 자신이 여행하는 지역을 잘 알게 해주며 자신이 가고픈 길을 발견해 낼 수 있도록 도와주기 때문이다. 우리는 대부분 자신의 노정(路程)에 대한 민감성을 상실했으며, 자신이 통제할 수 없는 일련의 일시적인 사건들을 자신의 삶으로서 체험한다. 우리가 자신에게 관심을 기울이지 않고 주위에서 일어나는 사건에 몰두할 때, 우리는 자신에 대해 낯선 사람, 할 이야기가 없는 사람이 되고 만다.
 치료는 무엇보다도 모든 낯선 이들로 하여금 자신의 이야기에 대해 민감하고 순종적이 되게 하는 것이다. 그러므로 치료자들은 배우기를 원하는 학생이 되며, 환자들은 가르치기를 원하는 교사가 된다. 교사들이 학생들에게 자기의 사상을 제시하기 위해 준비하고 정리하는 동안에 강의 자료를 배우듯이, 환자들은 자기의 이야기를 들어 주려는 치료자에게 이야기를 함으로써 자기의 이야기를 학습하게 된다. 치료자란 고통하는 낯선 손님의 이야기를 인내하며 세심하게 들어주는 주인이다. 환자들은 머물 장소를 제공해주는 주인에게 자기의 이야기를 털어놓음으로써 자신을 재발견하는 손님이다.
 낯선 이들은 자기의 이야기를 함으로써 주인 뿐만 아니라 자기의 과거와도 친근해진다. 그러므로 치료란 낯선 이의 이야기를 받아들이고 완전히 이해함으로써 그가 주인의 시선 속에서 그를 현재로 인도하며 가야 할 방향을 제시해주는 그들 자신의 길을 식별할 수 있게 되는 것이다. 그 이야기는 털어내 놓고 이야기하기 어렵고 실망과 좌절이 가득하며 탈선과 침체로 가득하지만, 그것이 낯선이가 지니고 있는 유일한 이야기이다. 그것은 그 자신의 이야기이다. 과거를 고백하지 않고 받아들이지 않고 오해한 상태로 남겨둘 때 우리에게는 희망이 없을 것이다. 종종 우리의 일생 중에서 감추인 순간들에 대한 두려움이 우리를 무력하게 만든다.
 치료자인 우리는 자비로운 마음, 비판하거나 정죄하지 않으며 낯선 이의 이야기가 자신의 이야기와 얼마나 연관되어 있는지를 깨닫는 마음으로 동료 인간들의 이야기를 받아들여야 한다. 우리는 환자들이 자신의 아픈 과거를 드러내 놓고 새 생활을 찾는 출발점이 될 수 있는 안전한 영역을 제공해야 한다.

우리가 치료자로서 해야 할 가장 중요한 질문은 "무슨 말을 하며 무슨 행동을 해야 하는가?"가 아니라 "환자들의 이야기를 받아들일 수 있는 넉넉한 내적 공간을 어떻게 계발할 수 있는가?"이다. 치료는 겸손한 것인 동시에 낯선 이들이 자신의 아픔과 고난을 두려움 없이 돌이켜 보며 자신이 느끼는 환난의 한복판에서 올바른 새 길을 찾게 해주는 확신을 발견할 수 있는 다정한 공간을 만들고 제공해주는 대단히 필요한 일이다.

이것은 결코 전문적인 교육을 받는 치료자가 그다지 중요치 않다는 말이 아니다. 오히려 그 반대이다. 선한 주인, 세심하게 말을 들어주는 사람이야말로 전문적 도움이 필요할 때에 가장 먼저 그것을 알아챈다. 사실 많은 전문가들은 고통하는 이웃을 불쌍히 여겨 그들의 말에 귀를 기울이며, 특별한 도움이 필요하다는 것을 알고 그들의 고통이 악화되기 전에 그들을 전문가에게 위탁하는 사람들에게 고마움을 느낄 것이다. 반면에 기독교 공동체의 모든 지체들이 형성하는 세심한 관심의 분위기는 때로 전문적인 치료가 요구되기 전에 상처를 낫게 할 수도 있다.

수용성과 대면

부모와 자녀, 교사와 학생, 치료자와 환자로서의 우리는 서로 다른 방법으로 상대방에게 관심을 기울인다. 그러나 이 세 가지 유형의 관계 속에서 환대라는 개념은 우리로 하여금 상대방을 소유하는 것이 아니라 상대방에게 봉사하며 그러한 일이 가능한 공간을 만들라는 소명을 받았다는 것을 깨닫도록 도와준다.

　환대라는 관점에서 이 세 가지 유형의 관계를 논의할 때에 수용성이 강조되었다. 사실 우리는 낯선 손님들을 다정하고 자유로운 공간 안에 맞아들여 그들로 하여금 자신이 지니고 있는 선물들을 나타내며 우리의 친구가 될 수 있게 해야 한다. 다른 사람들을 수용할 생각이 없이 그들과 접촉하는 것은 그들에게 도움이 되기보다 해를 끼치며, 교묘한 속임수와 폭력, 말과 행동과 생각으로 가하는 폭력이 되기 쉽다.

　진정으로 성실한 수용성은, 낯선 이를 우리의 세계에 받아들이되 우리의 조건에 맞추는 것이 아니라 그들의 조건에 맞추는 것을 의미한다. "만일 당신이 내 말을 믿고 나처럼 생각하고 나처럼 행동한다면 내 집의 손님이 될 수 있습니다"라고 말하는 것은 조건적인 사랑이요 대가를 바라는 사랑이다. 이것은 이익을 얻기 위한 착취로 이어져 환대가 아닌 사업이 되기 쉽다. 날이 갈수록 많은 종교적 신념, 이데올로기, 생활 방식 등이 서로 접촉하게 되는 우리 사회에서는 동료 인간들에 대한 우정과 사랑과 보살핌의 대가로서 우리 자신의 종교관이나 이데올로기나 행동 방식을 강요하지 않으면서 그들을 받아들이는 것이 기독교 영성의 본질에 속한다는 것을 깨닫는 것이 무엇보다 중요하다.

　이처럼 여러 가지 상이한 관점들과 태도들은 그리 멀리 가지 않아도 쉽게 발견할 수 있다. 우리의 자녀, 제자들, 또는 환자들이 사상적으로 우리에게 이방인이 되는 일이 흔히 있다. 우리는 그들의 마음을 바꾸게 만들거나 그러한 사상의 틀에서 끌어내오기 위해 최소한의 노력을 하지 않았거나, 혹은 우리가 그들의 의심과 분노를 야기하고 평화롭게 함께 살기 어렵게 만들었다는 것을 발견할 때에 죄책감을 느낀다.

　수용성이란 환대의 한쪽 면에 불과하다. 그 반대쪽인 대면도 역시 중요하다. 낯선 이에 대해 수용적이 되라는 것은 결코 무관심하고 하찮은 존재가 되라는 의미가 아니다. 진정한 수용성은 대면을 요청한다. 왜냐하면 어떤 공간이 사람들을 반겨 맞는 공간이 되려면 분명한 한계가 있어야 하는데, 한계란 우리 자신의 위치가 규정되는 경계선이기 때문이다. 그것은 융통성이 있는 것이기는 하지만 어쨌든 경계선임은 분명하다. 대면은 주인이 손님에게 자신을 하나의 방향 제시 및 참고할 대상으로서 제공하는 한계 안에 거하는 데서 생기는 결과이다.

　자기 집을 낯선 이에게 넘겨 주어 마음대로 사용하게 하는 것은 낯선 이를 호의적으로 맞는 것이 아니다. 빈 집은 손님을 환대하는 집이 아니다. 사실, 그 집은 곧 귀신의 집처럼 되어 낯선 이가 불편을 느끼게 된다. 손님은 두려움을 떨쳐 버리기보다는 오히려 다락이나 지하실에서 무슨 소리가 들려도 걱정을 하고 염려하게 된다.

　우리가 진정으로 손님을 환대하고자 한다면, 낯선 이를 받아들여야 하며, 뿐만 아니라 중립이라는 구실 뒤에 자신을 숨기지 말고 자기의 생각과 견해와 생활 방식을 분명하게 나타내고 확실한 태도로 그와 대면해야 한다. 존재하는 사람과 존재하지 않는 사람 사이에는 진정한 대화가 있을 수 없다. 우리의 생활 원칙과 태도와 견해가 낯선 이로 하여금 자신의 위치를 의식하고 그것을 정밀하게 탐구하게 만드는 영역을 제공할 때에 우리는 상대방과 의사소통을 할 수 있다.

　우리는 때로 대단히 공격적이고 교묘하고 저급한 형태

의 복음 전도를 대할 때에 그에 대한 반작용으로서 자신의 종교적 확신을 알리기를 주저하며, 그럼으로써 증인으로서의 감각을 상실한다. 간혹 다른 사람들에게 복음을 전하기보다는 우리 자신의 실천을 강화하는 것이 나은 듯이 보이기도 하지만, 사람들에게 복음을 전하며 우리가 "들은 바요 눈으로 본 바요 주목하고 우리 손으로 만진 것"에 대해 주저하지 않고 말하는 것이 기독교 영성의 핵심이다 (요일 1:1).

수용성과 대면은 기독교 증인이 지니고 있는 떼어 놓을 수 없는 두 가지 면이다. 그것들은 균형을 유지해야 한다. 대면이 없는 수용성은 아무에게도 도움이 되지 못하는 얼빠진 중립성이 되고 만다. 수용성이 없는 대면은 모든 사람에게 상처를 주는 억압적인 공격으로 이어진다. 수용성과 대면 사이의 균형은 우리 각 사람이 삶에서 차지하는 위치에 따라 다른 지점에서 발견된다. 그러나 삶의 모든 상황 속에서 우리는 낯선 이를 받아들일 뿐 아니라 그들과 대면해야 한다.

여기에서 대면이란 "털어 놓고 이야기하는 것" 이상을 의미한다는 것을 강조하는 것도 좋을 듯하다. 말이 대면의 가장 중요한 형태가 되는 일은 극히 드물다. 우리는 간혹 한 마디도 하지 않고서도 많은 것에 대한 의사 소통을 해 본 경험이 있다.

나는 내 방에 처음 오는 사람들이 이리저리 둘러보며 가구와 그림과 서가에 꽂혀 있는 책에 대해 자신의 의견을 말하는 것을 재미있게 생각한다. 벽에 걸려 있는 십자가를 주목하는 사람도 있고, 인디안 탈에 관심을 갖는 사람도 있다. 프로이드와 마르크스의 책과 성경책을 어떻게 같은 책장에 둘 수 있느냐고 묻는 사람들도 있다. 어쨌든 내가 다른 사람의 공간에 처음 들어갈 때에 무엇을 느끼려고 노력하듯이, 그들도 모두 내 방에 대해 무엇인가를 느끼려고 노력한다.

우리가 살아오는 동안 우리의 삶의 벽에는 여러 가지 사건들—세상에서 일어난 사건들, 가정에서의 사건들, 개인적인 사건들—및 그러한 사건들에 대한 우리의 반응의 흔적들이 남는다. 이러한 흔적들은 각기 나름대로 무엇인가를 말해주며, 때로는 마음의 대화로 이어지며, 말과 행동으로 표현된다. 이러한 상황에서 우리는 서로 접촉하며, 부모, 자녀, 교사, 학생, 치료자, 환자 등 모든 사람들이 삶의 과정에서 만나 이야기하고 공통된 목적을 지닌 큰 공동체의 일부라는 것을 발견한다.

6
환대와 선한 주인

자기 집처럼 느끼는 평안함

적개심으로부터 환대로의 이동은 고독에서 독거로의 이동과 연결해서 생각해야 한다. 고독하다고 느끼는 사람은 낯선 이를 환대할 수 없다. 왜냐하면 고독한 사람은 자유로운 공간을 만들어 내지 못하기 때문이다. 우리는 고독의 내적 욕구들을 잠재워야 하는 우리 자신의 필요성 때문에 사람들을 위한 공간을 만들기 보다 오히려 그들에게 집착한다.

어느 가정으로부터 대학을 다니는 동안 자기 집에서 지내라는 요청을 받은 학생이 있었다. 그는 그 집에서 몇 주일을 지내면서 무척 부자유스럽게 느꼈으며, 서서히 자신이 그 집 주인 부부의 절박한 고독의 희생물이 되어가고 있다는 것을 의식했다. 그 부부는 남처럼 지내고 있었으며, 자기들의 사랑의 욕구를 충족시키기 위해 손님을 이용했다. 주인 부부는 자기들이 서로에게 베풀지 못하는 사랑과 친밀함을 줄 수 있으리라는 희망을 가지고 자기 집에 머무는 손님에게 매달렸다. 이 학생은 충족되지 못한 욕구와 욕망이라는 복잡한 그물에 얽혀들었으며, 고독이라는 담장 안에 갇혔다고 느꼈다. 그는 이 두 고독한 동반자들 중에서 어느 한 쪽을 선택해야 하는 고통스러운 긴장을 느꼈다. 그는 "당신은 남편 편입니까, 내편입니까? 당신은 아내 편입니까, 내 편입니까?"라고 묻는 잔인한 질문을 받으며 괴로워했다. 그는 자유로이 오갈 수 없게 되었다. 그는 점점 학업에 집중할 수 없게 되었고, 동시에 주인 부부가 애걸하는 도움도 줄 수 없는 무력한 존재라고 느꼈다. 게다가 그는 그러한 역할을 그만둘 내적 자유까지 상실했다.

 이 이야기는 우리의 삶 속에 독거가 없을 때에는 낯선 이를 위한 자유로운 공간을 만들기가 무척 어렵다는 것을 나타내준다. 우리가 가장 평안하다고 느꼈던 곳을 돌이켜 생각해보면, 그곳은 우리 자신의 형편에 따라 자유로이 오갈 수 있는 귀중한 자유가 있으며 주인들이 자신의 욕구 충족을 위해 우리를 이용하려 하지 않았던 곳임을 알 수 있다. 자유로운 공간에서만 재창조가 이루어지고 새 생활이 발견될 수 있다. 참된 주인은 우리에게 두려워할 필요가 없는 곳, 우리가 자신의 내면의 음성에 귀를 기울이고 인간이 되기 위한 우리 자신의 길을 발견해낼 수 있는 공간을 제공해 주는 사람이다. 우리가 그러한 주인이 되려면 먼저 우리 자신의 집에서 평안함을 느껴야 한다.

가난은 선한 주인을 만든다

 우리가 적개심을 버리고 환대라는 태도를 소유하게 되면, 우리의 고독은 독거로 전환될 수 있다. 거기에는 연대적인 전후 관계의 문제가 없다. 내면 생활의 복잡 미묘한 움직임은 분명하게 구분할 수 없다. 일반적으로 고독은 적개심으로 이어지며, 독거야말로 환대가 자랄 수 있는 환경이다. 고독을 느끼는 사람에게는 사랑받고픈 욕구가 있으므로, 그는 주위 환경 속에 있는 많은 표시들에 대해 과민 반응을 나타내며 자신을 거부한다고 생각되는 사람들을 대적하게 된다.

그러나 우리가 마음 속에서 삶의 중심을 발견하며 자신이 느끼는 고독을 운명으로 여기지 않고 소명으로 여겨 받아들인다면, 우리는 다른 사람들에게 자유를 제공할 수 있다. 자신의 욕망을 완전히 충족시키려는 생각을 버리기만 하면, 우리는 다른 사람들이 들어와 즐길 공간을 만들어 줄 수 있다. 우리가 가난하게 되기만 하면, 우리는 선한 주인이 될 수 있다.

가난이 우리를 선한 주인이 되게 한다는 것은 환대가 지닌 역설이다. 가난은 우리로 하여금 방어적인 태도를 버리고 원수를 친구로 만들게 해주는 내적 성향이다. 우리에게 방어해야 할 것이 있는 한 우리는 낯선 이를 원수로 여길 수밖에 없다. 그러나 우리가 "들어오세요. 내 집은 당신의 집이요, 내 기쁨이 당신의 기쁨이요, 내 슬픔이 당신의 슬픔이요, 내 생명이 당신의 생명입니다"라고 말할 때, 우리는 방어할 것이 없게 된다. 우리에게는 잃을 것은 없고 줄 것만 있기 때문이다.

오른쪽 뺨을 치는 자에게 왼쪽 뺨도 돌려대는 것은 우리가 개인적인 재산—우리의 지식, 명예, 토지, 돈, 우리가 수집해 놓은 많은 물건 등 어느 것에나 해당된다—에 집착하고 있다고 생각하는 동안에만 그들이 우리의 원수가 될 수 있다는 것을 나타낸다.

우리에게 있는 것 중에서 탐나는 것을 선물로 주는데,

누가 도둑질을 하겠는가? 진리만이 자기에게 소용이 되고 있을 때에 거짓말을 하는 사람이 어디 있겠는가? 현관문이 활짝 열려 있는데 뒷문으로 몰래 돌아올 사람이 어디 있겠는가? 가난은 선한 주인을 만든다. 이 역설적인 진술에 대해서는 보다 자세히 설명을 해야 한다. 거리낌없이 상대방과 접촉할 수 있게 되려면, 두 가지 형태의 가난, 즉 정신의 가난과 마음의 가난이 매우 필요하다.

정신의 가난

온갖 사상, 관념, 견해, 확신 등으로 가득차 있는 사람은 선한 주인이 될 수 없다. 그런 사람에게는 상대방에게 귀를 기울일 수 있는 내면의 공간이 없으며, 상대방이 지니고 있는 재능을 발견해 내려는 관대함이 없다. 소위 "모든 것을 알고 있는" 사람들이 대화를 단절시키며, 사상의 상호 교환을 방해할 수도 있다는 것은 어렵지 않게 알 수 있다. 정신의 가난이라는 영적인 태도는, 삶의 신비는 불가해하다는 것을 기꺼이 인정하려는 태도이다. 우리는 영적으로 성숙할수록 삶의 충만함을 파악하고 붙잡고 이해하려는 경향을 버리며 삶이 우리 안에 들어오는 것을 허용할 수 있게 된다.

목회를 위한 준비가 좋은 예가 될 수 있다. 목회 사역을 준비하기 위해서 우리는 유식한 무지를 맞을 준비를 해야 한다. 세상을 통제하고 지배하려는 태도를 지닌 사람들은 이것을 받아들이기가 몹시 어렵다. 인간은 자신의 욕구에 따라 환경을 통제하며 모든 일이 되어가게 만들기 위해 교육을 받기 원한다. 그러나 목회 사역을 위한 교육은 하나님을 다스리기 위한 교육이 아니라 하나님의 다스림을 받기 위한 교육이다.

　남 아프리카에서 돌아온 36세의 감리교 목사에게서 들은 교훈적인 이야기를 나는 기억하고 있다. 이 사람은 목회의 소명을 받고 교회의 허락을 받은 후 전혀 신학 교육을 받지 못한 채 어느 교구의 부목사로 파견되었다. 그러나 그는 자신의 식견과 체험을 확신하고 있었으며 열심과 열기가 대단했기 때문에 아무런 어려움 없이 설교를 하고 강의도 했다. 2년 후 그는 소환되어 신학교에 입학하여 교육을 받았다. 그는 신학교에서 보낸 세월을 회상하면서 "그 동안 나는 많은 신학자, 철학자, 소설가의 작품을 읽었습니다. 그런데 과거에는 모든 것이 분명하고 자명했는데, 지금 나는 확신을 상실하였으며 많은 질문들을 제기하고 있으며 나 자신과 나의 진리를 확신하지 못하고 있습니다"라고 말했다. 어떤 의미에서 보면, 그가 신학교에서 보낸 기간은 배움의 기간이라기보다 배움을 포기한 기간이라고 말할 수 있다. 다시 목회 사역에 임한 그는 말을 하기보다는 남의 말에 귀를 기울이는 사람이 되었다.

　이 이야기는 훌륭한 교육을 받은 목사란 하나님은 누구이신지, 선과 악이 어디에 있는지, 이 세상에서 내세로 가는 방법 등에 대해 정확하게 말할 수 있는 사람들이 아니라 자신의 무지를 깨닫고 다른 사람들의 말, 다른 시대 다른 지역 사람들의 생활 체험을 담고 있는 책, 일상적인 사건들 속에서 하나님의 음성에 자유로이 귀를 기울이는 사람이라는 것을 나타내준다.

　요컨대 배움을 통해 자신의 무지를 깨달은 사람은 다른 사람들 및 하나님의 말씀에 대단한 관심을 가지며 그 말씀을 받아들일 수 있게 된다. 그것이 곧 정신의 가난이다. 그것은 하나님을 어떤 개념이나 이론이나 문서나 사건과 동일시하는 것을 거부하고, 그에 따라 사람이 광신적 분파주의자나 열광주의자가 되는 것을 막을 것을 요구한다. 그러나 관대하고 수용적인 태도의 계속적인 성장은 허용한다.

목회 사역에 적용되는 진리는 다른 형태의 봉사직에도 적용된다. 정신과 의사, 심리학자, 사회 사업가, 상담자 등의 일상 생활 및 그들이 하는 일을 바라보면, 우리는 그들이 발휘하는 기술 중에는 도구의 사용 여부와 상관없이 환자의 말을 주의 깊게 들어 주는 일, 그리고 환자가 지니고 있는 방식에 휩쓸리지 않으려고 계속적인 관심을 기울이는 일이 포함되어 있다는 것을 알 수 있다.

자발적으로 정신적인 가난을 소유하는 전문가들은 도움을 구하는 사람들에게서 끊임없이 새로운 지식과 식견을 받아들일 자세가 되어 있다. 이것은 결코 구체적이고 현실적인 도움의 중요성, 혹은 의복이나 거처가 없이 굶주리고 있는 수많은 사람들의 고통을 덜어 주기 위한 새로운 조직의 필요성을 부인하는 말이 아니다. 오히려 그 반대이다.

우리가 수용적이고 감사하는 마음으로 가난한 사람들을 위해 일할 때, 그들은 부끄러움 없이 우리의 도움을 받아들일 수 있다. 육체적, 정신적, 혹은 영적으로 궁핍함에 처해 있는 많은 사람들은 거지나 노예의 신분으로 전락하기보다는 도움을 거절하고 자존심을 유지하는 편이 더 낫다는 것을 분명하게 해주고 있다.

마음의 가난

선한 주인이 되려면 정신 뿐만 아니라 마음도 가난해야

한다. 우리의 마음에 편견, 걱정, 질투 등이 가득 차 있는 한 낯선 이가 들어설 공간이 없다. 두려운 환경 속에 있으면서 자신의 마음을 광범위한 인간의 체험들에게 개방하기는 쉽지 않다. 진정한 환대는 다양한 인간 체험들을 배척하지 않고 받아들이는 창조적인 공간이다. 사람들 중에는 하나님께로 가는 길을 보는 종교 체험을 한 일이 있다고 주장하는 사람들이 많다. 흔히 그런 체험은 매우 강력하기 때문에, 그런 사람은 자신의 길이 정도(正道)가 아닐 수도 있다는 것을 깨닫지 못한다.

하나님은 특수한 사상이나 관념이나 견해나 확신 속에 포함될 수 없으며, 또 그러한 것들에 의해 정의될 수도 없다. 이웃에 대해 느끼는 선하고 애정어린 감정, 달콤한 마음의 느낌, 황홀감, 몸의 움직임, 뱀을 조종하는 것 등과 하나님을 동일시해서는 안된다. 또 우리의 선한 기호, 열정, 관대함, 또는 사랑 등을 하나님 체험이라고 여길 수는 없다. 이러한 마음의 체험들은 우리로 하여금 하나님의 현존을 상기하게 해주지만, 이런 체험의 부재가 곧 하나님의 부재를 증명하는 것은 아니다. 하나님은 우리의 정신보다 위대하시며, 우리의 마음보다 위대하시다. 우리는 하나님을 우리의 하찮은 관념이나 감정에 적용시키려 해서는 안된다.

목회 사역에서 뿐만 아니라 사람들에게 도움을 주는 모든 직업에 종사할 때에 우리는 우쭐해진 마음도 우쭐해진 정신만큼 위험하다는 것을 상기해야 한다. 우쭐해진 마음은 우리를 편협하게 만들 수 있다. 그러나 우리 자신의 한정된 체험을 다른 사람들에게 접근하기 위한 기준으로 삼는 일에서 탈피할 때에, 삶은 우리의 개인적인 삶보다 위대하며, 역사는 우리 개인의 일생보다 위대하며, 체험은 우리 개인의 체험보다 위대하며, 하나님은 우리 개인의 하나님보다 위대하다는 것을 깨달을 수 있을 것이다.

마음이 가난한 사람이 선한 주인이 될 수 있다. 마음이 가난할 때에, 우리는 다른 사람들의 체험을 우리에게 주는 선물로 여겨 받아들일 수 있다. 그들의 일생이 우리의 일생과 창조적으로 연결될 수 있으며, 그들의 삶이 우리의 삶에 새로운 의미를 부여할 수 있으며, 그들의 하나님이 상호 계시 속에서 우리의 하나님에게 말씀하실 수 있다.

요하네스 메츠(Johannes Metz)는 다음과 같은 글에서 이러한 성향을 잘 설명했다.

> 상대방이 우리에게 접근할 수 있게 하려면 우리 자신을 잊어야 한다. 그로 하여금 자신이 지니고 있는 독특한 개성을 공개하게 만들려면, 우리 자신을 그에게 개방해야만 한다. 물론 이 일은 때로 우리를 겁에 질리게 하고 혐오감을 주기도 한다. 우리는 종종 상대방을 억제하며 우리가 보려는 것만 보려 하는데, 그런 경우에 우리가 만나는 것은 우리 자신일 뿐 결코 상대방의 존재의 신비한 비밀과 접하지 못한다.
> 이처럼 가난한 마음으로 상대방을 대하는 일에 실패하는 사람은 새로운 형태의 자기 주장에 빠져 그 대가를 치르게 된다. 즉 고독함을 느끼게 된다. 우리가 마음을 가난하게 하여 개방하지 않으면 우리의 삶은 따뜻하고 충만한 삶이 되지 못하며(마 10:39), 진정한 자아의 그림자만 남게 된다.[1]

삶의 비밀은 자만하는 상태가 아니라 창조적인 독립 상태에서 드러나기 때문에, 마음의 가난이 공동체를 만들어 낸다.

연약함을 자랑하라

이처럼 낯선 이를 환대하는 태도를 지니기 위해서는 정신의 가난과 마음의 가난이 필요하다. 이 두 가지는 우리가 환대라는 태도 양성을 위한 훈련의 중요성을 이해하는 데 도움이 된다. 다양한 형태의 봉사직에 종사하기를 원하는 사람들에 의해 마련된 많은 프로그램들이 있다. 그러나 우리는 이러한 프로그램들을 자발적인 가난을 위한 훈련으로 여기지 않으며, 보다 훌륭한 장비와 숙련된 기술을 갖기 원한다. 우리는 "거래하는 데 필요한 도구들"을 얻기를 원한다. 그러나 봉사를 위한 참 훈련에는 자기를 비운다는 어렵고 고통스러운 과정이 필요하다.

봉사에 있어서 발생하는 주된 문제는 상대방에게 도움을 주되 방해가 되지 않아야 한다는 것이다. 유식한 사람이 되기 위해 도구나 기술이나 솜씨가 필요하다면, 주로 밭을 갈고 잡초를 제거하며 가지를 쳐주기 위한 것, 즉 진정한 성장과 발달에 장애가 되는 장애물을 제거해주기 위한 것이어야 한다.

봉사 훈련은 부자가 되기 위한 것이 아니라 자원하여 가난해지기 위한 것이요, 자신을 채우기 위한 것이 아니라 비우기 위한 것이며, 하나님을 굴복시키기 위한 것이 아니라 하나님의 구원의 능력에 자신을 굴복시키기 위한 것이다. 이것들은 현세에서는 받아들이기 힘든 것이다.

이 세상은 우리에게 권력과 권세의 중요성에 대해 말한다. 그러나 자랑하려면 자신의 연약함을 자랑하라고 외치는 소수의 음성이 이 세상에 있다는 것은 중요한 일이다. 우리는 자신을 비움으로써 충만하게 되며, 이 세상에서 무익하게 됨으로써 유익하게 되며, 무력하게 됨으로써 능력을 소유하게 된다.

하나님은 전지하시고 전능하시고 편재하시며, 인간이 접근할 수 없는 강력한 타자(他者)로 자신을 계시하시지 않았다는 것이 기독교 메시지의 핵심이다. 하나님은 예수 그리스도 속에서 우리에게 오셨는데, 그분은 "하나님과 동등됨을 취할 것으로 여기지 아니하시고 자기를 비어 종의 형체를 가져 사람들과 같이 되었고 사람의 모양으로 나타나셨으매 자기를 낮추시고 죽기까지 복종하셨으니 곧 십자가에 죽으셨다"(빌 2:6-8).

우리의 영성 생활의 움직임을 우리에게 계시하시는 분은 하나님이시다. 그것은 연약함에서 능력으로의 움직임이 아니라, 우리가 두려움과 방어적인 태도를 버리며 비록 고난과 죽음이 따르더라도 상대방과 그의 세상에 대해 개방적인 태도를 지니게 되는 움직임이다.

고독에서 독거로의 이동은 자신의 내적 자아와 접촉하게 하는 움직임이며, 적개심에서 환대로의 이동은 우리로 하여금 다른 사람들과 접촉하게 하는 움직임이다. 환대라는 용어는 동료 인간들에 대한 성숙한 기독교적 관계의 본질에 대한 훌륭한 통찰에 이르기 위해 사용된다. 공간, 수용적 태도, 대면, 마음과 정신의 가난 등의 단어들은 기독교인의 영성은 일상 생활이라는 현실에 뿌리를 두고 있을 뿐만 아니라 하나님의 은사를 의지함으로써 그것을 초월하기도 한다는 것을 나타내기 위해 사용되었다. 도움, 봉사, 보살핌, 인도, 치료 등의 단어는 우리가 이웃에게 손을 내밀어 접촉함을 표현하기 위해 사용되었다. 우리는 이웃과 접촉함으로써 삶을 소유하기 위한 것이 아니라 동참하기 위한 선물로 깨닫는다.

이 책은 최종적으로 영성 생활에서 가장 중요하고 어려

운 면, 우리에게 은혜를 주시는 분과 우리의 관계로 이어진다. 이미 우리는 고독에서 독거로, 적개심에서 환대로 이동하면서 하나님에 대해서 많이 언급하였다. 그러나 지금까지는 "우리의 내적 자아와 동료 인간들에게 접촉하는 방법은 무엇인가? 우리 자신 및 이웃의 생명을 주신 분이요 원천이신 하나님과 접촉할 수 있는가?"라는 질문이 강조되었다. 만일 그 대답이 부정이라면, 독거와 환대는 말하기에는 좋지만 일상 생활 속에서는 존재할 수 없는 막연한 이상이 되고 만다. 그러므로 망상에서 기도로의 이동은 지금까지 말한 모든 것을 단단히 묶어 주는 것으로서 영성 생활에서 가장 중요한 것이다.

제3단계
하나님과의 관계
망상에서 기도로의 이동

7
기도와 인간의 유한성

접하기 어려운 실재

고독과 적개심은 우리의 노력 중 많은 부분이 지니고 있는 가공적인 특성을 의식하기보다는 우리의 일상적인 체험에 비추어 보아야 쉽게 이해할 수 있다. 그러나 우리가 자신의 실존에 대한 망상을 벗겨내려고 지속적으로 노력할 때에만 진정한 영성 생활이 가능하다. 우리의 절박한 고독을 고요한 독거를 전환하며 낯선 손님이 들어와 편안함을 느낄 수 있는 공간을 만들려면, 우리의 연약하고 유한한 존재의 한계를 초월하여 모든 생명이 닻을 내려야 하는 곳인 하나님을 향해 손을 내밀어 하나님과 접촉하려는 용기와 의지가 필요하다.

독거할 때의 고요함이 우리로 하여금 인간의 소리를 초월하여 들려오는 새로운 음성을 민감하게 감지하게 만들지 못한다면, 그것은 죽은 침묵이다. 여행하는 사람이 없다면, 환대는 단지 혼잡한 가정으로 이어질 뿐이다.

독거와 환대는 그것들 자체가 지닌 생명력의 근원이므로 보다 넓고 깊고 고귀한 실재 안에 심겨질 때에만 영속적인 열매를 맺을 수 있다. 이 실재는 앞서 영성 생활의 두 가지 움직임을 묘사할 때에 필요 조건으로 예상하고 다루었었다. 그러나 이러한 움직임들은 보다 신속하게 인식할 수 있고 쉽게 확인할 수 있는 의미에서 "우선적"일 뿐, 보다 중요하기 때문에 우선적인 것은 아니다. 그것들이 영성 생활의 가장 근본적인 움직임—즉 망상에서 기도로의 움직임—에 뿌리를 두고 있기 때문에, 우리는 그것들을 묘사하고 그것들에 대해 곰곰이 생각하는 것이다. 우리는 이 움직임을 통해서 하나님, 영원히 실재하시며 모든 실재의 원천이 되시는 분과 접촉할 수 있다. 그러므로 망상에서 기도로의 움직임은 고독에서 독거로의 움직임과 적개심에서 환대로의 움직임을 묶어주고 가능하게 해주며, 우리를 영성 생활의 핵심으로 인도해준다.

이 "처음이요 나중인" 움직임은 영성 생활의 중심이기 때문에 건드리거나 붙잡거나 손에 쥐거나 손가락으로 건드리는 것조차 어렵다. 그것은 이 움직임이 모호하거나 실재하지 않기 때문이 아니라, 이해와 구분을 위해 필요한 거리조차 허용하지 않을 만큼 가까이 있기 때문이다. 아마 삶의 가장 심오한 실체들이 가장 쉽게 하찮은 것으로 전락하는 것이 바로 이런 이유 때문일 것이다.

하나님을 향한 불타는 사랑 때문에 고독과 독거 속에서 일생을 기도에 바친 수도사와의 인터뷰 기사는 흔히 규칙 및 겉보기에 이상한 관습들의 변화를 다룬 어리석은 이야기가 되고 만다. 사랑, 결혼, 사제직, 또는 삶에 대한 근본적인 결정들을 하게 된 이유를 묻는 질문들은 흔히 무의미하고 판에 박은 듯한 말들로 이어질 뿐이다. 그 이유는 이런 질문들이 중요치 않기 때문이 아니라 그들의 대답이 너무 심오하고 우리의 내면 깊은 곳과 너무나 가까이 있어 인간의 말로는 포착할 수 없기 때문이다.

이와 관련하여 우리는 다음의 줄타기를 하는 사람에게서 무엇인가를 배울 수 있을 것이다. 친구들과 함께 뉴욕에 있는 국제무역센터의 탑 사이에 밧줄을 매고 그 위에서 줄타기를 한 혐의로 체포된 필립 페팃은 정신 감정을 위해 시립병원으로 호송되었다. 그가 정신적으로 완전히 정상이며 올바른 정신 상태에 있다는 것으로 판명되었으므로, 사람들은 "당신은 왜 이 도시에서 가장 높은 탑에서 목숨을 걸고 줄타기를 하려 했습니까?"라고 물었다. 페팃은 그 질문을 받고 처음에는 약간 당황했지만 "글쎄요. 나는 세 개의 오렌지를 보면 요술을 부려야 하며, 두 개의 탑을 보면 그 사이를 걷지 않으면 못 견딥니다"라고 말했다.

그의 대답 자체가 모든 것을 말해준다. 가장 명백하고 가장 자세한 것은 설명을 필요로 하지 않는다. 어린 아이가 공을 가지고 노는 이유, 밧줄을 타는 사람이 밧줄을 타는 이유, 연인들이 사랑하는 이유를 묻는 사람이 있을까?

우리의 인격과 가장 가까이에 있는 것을 설명하고 표현하는 일이 가장 어렵다. 이것은 연인들이나 예술가나 줄타는 사람들 뿐만 아니라 기도하는 사람들에게도 적용된다. 기도는 지극히 친밀한 관계의 표현이면서 동시에 가장 다루기 어려운 주제이며 하찮고 상투적인 것이 되기 쉽다. 그것은 인간들의 행동 중에서 가장 인간적인 것이며 또한 가장 불필요하고 미신적인 행동이라고 느끼기 쉽다.

그러나 우리는 사랑, 연인들, 예술, 예술가들에 대해 계속 이야기하듯이, 기도에 대해서도 계속 이야기해야 한다. 우리가 영성 생활의 중심, 곧 기도와 계속 접하지 않으면, 그것에서부터 자라나는 모든 것과의 접촉을 상실한다. 망상에서 기도로의 움직임이 발생하는 곳, 긴장이라는 내면의 들판으로 들어가지 않으면 우리의 독거와 환대는 그 깊이를 상실하기 쉽다. 그렇게 되면 그것들은 우리의 영성 생활의 필수 요소가 아니라 도덕적으로 존경받는 실존을 장식해 주는 종교적 장신구가 되고 만다.

불멸성에 대한 망상

기도를 시작할 수 있는 심오한 삶의 영역으로 들어가는 것을 방해하는 가장 큰 요인은 우리 안에 불멸에 대한 망상이 깊이 침투해 있다는 것이다. 언뜻 생각할 때에, 우리가 그러한 망상을 소유할 가능성이 없으며 전혀 사실이 아닌 듯이 보인다. 왜냐하면 우리는 여러 차원에서 자신이 죽을 운명을 지니고 있음을 잘 의식하기 때문이다. 자신이 불멸한다고 생각하는 사람이 있는가?

그러나 우리의 영성 생활의 처음 두 가지 움직임은 이미 사태가 그처럼 간단한 것은 아니라는 것을 나타내 주었다. 우리가 자신의 고독의 사슬들을 끊어줄 수 있는 사람을 열심으로 찾을 때마다, 자신의 생명을 양도할 수 없는 재산으로 여겨 방어하려 할 때마다 우리는 자신이 불멸에 대한 집요한 망상에 사로잡혀 있음을 발견한다. 우리는 자신에게나 사람들에게 말로는 자신이 영원히 살지 못할 것이며 곧 죽음을 맞이할 것이라고 말하고 있지만, 우리의 행동과 생각과 관심은 우리 자신이 언급한 사실들을 완전히 받아들이는 것이 얼마나 어려운 일인지를 드러내 준다.

겉으로 보기에 순진한 듯이 보이는 작은 사건들은 우리가 우리 자신 및 우리의 세계를 영원한 것으로 여긴다는 것을 말해준다. 우리는 적대적인 말을 한 마디만 들어도 슬퍼하고 낙심한다. 우리를 거부하는 것을 느끼거나 보기만 해도 우리는 자신에 대해 불평을 한다. 또 사업에서 실패했다고 낙심하여 자살하려는 사람도 있다.

우리는 부모, 교사, 친구, 거룩한 책이든 불경한 책이든 많은 책을 통하여 세상이 우리에게 만들어 주는 것보다 우리가 훨씬 귀하다는 것을 배웠지만, 우리가 소유한 물건, 우리가 아는 사람, 우리가 구상하고 있는 계획, 우리가 이룬 성공 등에 영원한 가치를 부여한다. 실제로 우리는 작은 혼란만 겪어도 자신이 불멸성에 대해 망상을 지니고 있음을 적나라하게 드러내며, 또 우리가 통제를 받고 있다고 암시해주고 있는 주위의 세상의 희생물이 되었음을 드러낸다. 우리가 느끼는 슬픔, 침울함, 깊은 절망 등의 감정 중 많은 것들은 종종 우리가 알고 있는 사람, 우리가 대하는 사상, 우리가 겪고 있는 사건들에게 부여하는 과장된 중요성과 깊은 관계가 있지 않은가?

이러한 거리감의 결여는 삶에서 유머를 배제하며 숨막히는 우울함을 만들어 낸다. 이 우울함 때문에 우리는 고개를 들어 자신의 제한된 실존의 수평선 너머를 바라보지 못하는 것이다.

감상벽(感傷癖)과 폭력

우리가 지니고 있는 커다란 망상을 좀 더 자세히 알려면, 그것이 지닌 두 가지 뚜렷한 징후를 아는 것이 도움이 될 것이다. 그것은 곧 감상벽(感傷癖)과 폭력이다. 이 두 가지 징후는 겉으로 보기에는 전혀 다른 행동 양식인 듯 하지만, 영성의 관점에서 보면 두 가지 모두 불멸에 대한 인간의 망상에 뿌리를 두고 있다.

　감상벽은 흔히 친밀한 관계가 몹시 따분하게 되고 사람들이 자살할 정도로 심각하게 서로에게 집착하는 곳에서 나타난다. 우리가 동료 인간에게 영속적인 기대라는 짐을 지울 때에, 그것의 위협이나 이탈로 인해 통제할 수 없는 감정들이 생겨날 수 있다.

　네덜란드에서 있었던 일이다. 삼천 명의 학생들이 사흘 동안 함께 걷고 함께 대화하는 연례 평화 행진 기간 중에, 학생들을 지도하는 사람들은 행진에 참여한 학생들 사이에 감상벽이라는 특성이 나타난 것을 보고 놀랐다. 평상시에는 말이 없고 내성적인 학생들에게 있어서 서로 손을 잡는다는 것은 매우 중요한 체험이었다. 기차 역에서 작별할 때에 소년 소녀들은 서로를 껴안고 눈물을 흘렸다. 행진을 마친 후 몇몇 학생들은 그 때 일을 회상하면서 그와 같은 깊은 친교의 체험을 한 후에 자신이 그처럼 다시 행복하게 살 수 있을지 의아해 했다. 그들의 체험은 교회에서 행하는 종교적인 말이나 행동과는 거리가 있겠지만, 그들이 체험한 특이한 일체감은 강력하고 놀라운 감정들을 불러 일으켰다.

　이 사건은 감상벽은 친밀한 인간 관계에 대한 그릇된 기대감에서 비롯된 결과로서 나타날 수 있음을 설명해준다. 이러한 친밀함이 불멸할 것이라고 기대했을 때에 낙심하고 절망하는 일이 발생할 수 있다. 우리가 인간적인 통합이 지니고 있는 한계를 초월하여 그 너머를 바라보며 모든 친밀함의 근원이신 하나님 안에 삶의 닻을 내리지 못한다면, 불멸에 대한 망상을 벗어버릴 수 없으며 함께 거하면서도 감상벽이라는 연못에서 빠져 나올 수 없다.

　감상벽은 불멸성에 대한 망상의 일면에 불과하며, 또 하나의 면은 폭력이다. 한 사람에게서 감상벽과 잔인함이 함께 발견되는 일이 흔히 있는데, 이것은 전혀 이상한 일이 아니다. 어린 아이에게서 감동을 받아 눈물을 흘리는 히틀러의 이미지는 그의 무자비한 잔인성을 목격한 많은 사람들의 기억 속에 병존한다. 동일한 망상이 어떤 상황에서 눈물을 흘리게 만들지만, 상황이 달라지면 고문을 자행하게 만들 수도 있다. 다음의 이야기는 이러한 현상과 그에 따른 결과들을 보여준다.

2차대전이 진행되고 있을 때에, 독일 강제수용소에 수감된 어느 루터교 감독은 비밀 경찰로부터 고문을 받았다. 경찰은 그에게 자백을 강요했다. 이 두 사람은 작은 방에서 서로 대면하고 있었다. 비밀 경찰을 계속 감독을 고문했다. 그러나 감독은 놀라울 정도로 고통을 잘 참아냈으므로 고문이 그다지 효과를 나타내지 못했다. 감독의 침묵 때문에 화가 난 비밀 경찰은 더욱 모질게 그를 고문하더니, 마침내 "내가 너를 죽일 수도 있다는 것을 모르느냐?"라고 외쳤다. 감독은 고문하는 비밀경찰의 눈을 들여다 보면서 천천히 "압니다. 당신이 하고 싶은 대로 하시오. 나는 이미 죽은 사람이니까요"라고 말했다. 그 순간 비밀 경찰은 팔을 처들지 못하게 되었고, 감독에게 완력을 사용하지 못하게 되었다. 마치 팔이 마비된 듯 그는 더 이상 감독을 괴롭힐 수 없었다. 그의 잔인함은 감독이 자기의 생명을 귀한 재산으로 여길 것이며 목숨을 살리기 위해 자백을 할 것이라는 가정을 기초로 하고 있었는데, 자신이 폭력을 발휘하던 근거가 사라졌기 때문에 그의 고문은 우스꽝스럽고 무익한 행동이 되고 말았던 것이다.

이 이야기는 감상벽 뿐만 아니라 폭력도 우리의 생명이 우리의 것이라고 생각하는 망상의 징후임을 분명히 보여준다. 우리 자신의 생명이나 다른 사람들의 생명을 받아들여야 하는 선물이 아니라 방어하거나 정복해야 할 재산으로 여길 때에 우리의 인간 관계는 폭력과 멸망에 예속되기 쉽다.

우리는 종종 친밀한 관계의 중심에서 폭력의 씨앗을 본다. 입을 맞추는 것과 깨무는 것, 쓰다듬어 주는 것과 뺨을 때리는 것, 관심을 갖고 듣는 것과 건성으로 듣는 것, 부드러운 시선으로 바라보는 것과 의심스럽게 바라보는 것 사이에 있는 방벽은 너무나 연약하다. 숨어 있던 불멸에의 망상이 우리의 친밀한 관계 속에서 우세하게 되면, 사랑받고픈 우리의 욕망은 쉽게 정욕적인 폭력으로 변한다. 우리가 자신의 충족되지 못한 욕구들로 말미암아 동료 인간들에게 그들이 줄 수 없는 것을 요구할 때, 그들은 우리의 우상이 되고 우리 자신은 마귀가 된다. 우리는 인간이 반응할 수 있는 것 이상의 것을 요구함으로써 인간답지 않게 행동하고픈 유혹을 받는다. 세상은 자신의 개인 재산으로서 누구도 빼앗아갈 수 없다는 망상 위에서 행동할 때에 우리는 서로에게 위협거리가 되며 친밀하게 지낼 수 없게 된다.

진실로 비폭력적인 친밀함에 이르려면, 불멸에 대한 망상을 버리고, 죽음을 인간의 운명으로 완전히 받아들이며, 우리 실존의 한계를 초월하여 하나님과 접촉해야만 한다. 우리는 하나님의 친밀함에서 탄생한 존재이기 때문이다.

꿈 속에서의 우상 숭배

그러나 우리가 소유하고 있는 망상들은 생각보다 강력하다. 우리는 산책을 하면서 "모든 것은 죽는다. 우리가 영원히 소유할 수 있는 것은 없다"고 말할 수는 있다. 또 생명의 소중함에 대한 깊고 내적인 감각을 발달시킬 수도 있다. 그러나 우리가 밤낮으로 꾸는 꿈은 계속 불멸하는 형상들을 만들어 낸다.

우리가 낮에 정신적으로 좌절하여 작은 어린 아이처럼 느꼈다면, 우리의 꿈은 기꺼이 우리를 크고 위대한 영웅으로 만든다. 깨어 있을 때에는 진지하게 우리를 받아들이지 않는 모든 사람들로부터 칭송을 받는 승리의 영웅으로, 혹은 우리의 생전에 우리를 비판했던 사람들에 의해 뒤늦게 인정을 받는 비극적인 영웅으로 만든다. 꿈 속에서 우리는 애굽에서 형들을 용서해 주었던 요셉이나 박해를 받는 아기 예수를 안전한 곳으로 데려간 요셉처럼 될 수 있다. 우리는 꿈 속에서 자신의 순교를 기리기 위해 거리낌없이 동상을 세울 수 있으며, 상처 입은 자아를 위해 분향할 수도 있다. 이처럼 우리는 종종 자신의 이루지 못한 갈망들을 이러한 이미지들로 채우는데, 이것들은 우리가 하나의 우상을 다른 우상으로 쉽게 교체할 수 있다는 것을 상기시켜준다. 망상을 벗어버리고 하루 24시간을 보내는 것은 생각보다 어렵다.

우리의 꿈들을 곧바로 바꾸려 하거나 밤에 나타나는 예기치 않은 형상들에 대해 염려하는 것은 지혜롭지 못한 일이다. 꿈에 나타나는 우상들은 우리의 손이나 정신에 의해 만들어진 하나님이 아니라 사랑의 손으로 우리를 지으신 참 하나님을 만날 준비가 되려면 아직도 먼 길을 가야 한다는 것을 상기시켜 준다. 거짓 신들을 예배하는 우상숭배는 우리가 생각하는 것보다 훨씬 강력한 시험이다. 우리의 의식적 생활과 무의식적 생활이 망상에서 기도로 이동하게 되려면 많은 신실함과 인내가 필요하다.

4세기 동방 정교회 수도원 운동의 시조인 성 바실(St. Basil)은 우리의 영성 생활에서 꿈을 배제할 수 없다고 확신하였다. 그는 "꿈 속에 나타나는 그처럼 어울리지 않는 환상들의 원천은 무엇입니까?"라는 질문을 받고서 다음과 같이 대답했다.

> 그것들은 낮에 발생한 영혼의 무질서한 활동에서 생겨납니다. 그러나 만일 사람이 하나님의 심판을 생각하며 자기 영혼을 정화하고 항상 선한 일과 하나님이 기뻐하시는 일에 관심을 갖는다면, 망상이 아니라 선한 것과 하나님이 기뻐하시는 것들이 그의 꿈을 채울 것입니다."[1]

꿈 속의 망상에게 직접 말을 걸 수는 없다. 그러나 깨어 있을 때 뿐만 아니라 꿈 속에서까지도 하나님과 접촉하는 것이 우리의 소명이다. 우리는 인내하며 꾸준히 불멸에 대한 우리의 망상들의 정체를 폭로하고, 우리의 좌절된 정신이 만들어낸 연약한 것들을 쫓아내며, 끊임 없는 기도 속에서 깊은 바다와 높은 하늘을 향해 두 팔을 펴야 한다. 망상을 버리고 기도로 이동할 때에 우리는 인간의 거처에서 하나님의 집으로 이동한다. 그곳에서 우리의 환대 및 독거가 계속된다.

어려운 문제들

여기에는 다음과 같은 어려운 문제들이 따른다: "하나님을 우리 개인의 하나님으로서 접촉할 수 있는가? 하나님과 친밀하게 되는 것이 가능한가? 우리의 이해를 초월하시는 하나님과의 사랑의 관계를 발전시킬 수 있는가? 망상을 버리고 기도로 이동한다는 것은 정신적으로 모호하고 흐릿한 상태로 들어가는 것이 아닌가?"

이런 질문들은 전혀 새로운 질문들이 아니며 이미 영성 생활의 첫 단계 이동을 다룰 때에 제기되었다. 자신의 내적 자아와 접촉하는 것은 자신에 대해 더 많은 것을 알며, 자신의 내적 복합성을 보다 자세히 이해하는 것이 아니다. 그것은 새로운 만남이 이루어질 수 있는 곳, 우리가 자신을 초월하여 우리의 독거 속에서 말씀하시는 분에게 도달할 수 있는 중심부에 도달하는 것이다. 낯선 이와 접촉하는 것은 단지 줄지어 서 있는 궁핍한 사람—음식이나 의복 등 여러 가지 형태의 보살핌이 결핍되어 있는 사람들—에게 손을 뻗어 접촉하는 것이 아니라 그들이 주인에게 주려고 가지고 있는 선물, 즉 그들이 지니고 있는 약속들을 받아들이는 것이다.

지금까지 독거와 환대에 대해 말한 것들은 모두 우리의 생각이 미칠 수 없는 높으신 분, 우리의 마음으로 느낄 수 없는 깊으신 분, 우리의 팔로 안을 수 없는 넓으신 분, 그의 날개 그늘 아래서 우리의 피난처를 발견하며(시 90편) 그의 사랑 안에서 쉴 수 있는 분, 우리 하나님이라고 부르는 분을 가리킨다.

하나님, 곧 우리 하나님과 우리의 관계에 대한 질문들은 전혀 새로운 것이 아니지만, 그것들은 이제 보다 직접적이고, 철저하게 제기된다. 어떤 경우에 우리는 독거와 환대는 선한 것으로서 그것들을 얻기 위해 노력하고 되새겨볼 가치가 있다고 느낀다. 그것들이 무엇인가 분명히 인간적인 가치를 지니고 있으며, 그것들이 균형을 유지할 때에 성숙한 실존의 기본 요소가 된다는 것을 부인할 사람은 거의 없을 것이다.

그러면 기도는 어떠한가? 기도는 하나님과의 친밀한 사

랑의 교제로서 독거와 환대가 뿌리를 내리는 토대가 된다는 주장을 사람들은 거북하게 여기는 경향이 있다. 많은 사람들은 "글쎄요. 지금까지는 당신의 의견을 따를 수 있었지만, 이 점에 있어서는 그렇게 할 수 없습니다"라고 말할 것이다. 그들이 우리와 다르게 느끼는 이유는 무엇인가? 우리는 자신의 인간적 한계에 도착했다고 느낄 때에, 기도라는 단어를 가장 많이 사용하지 않는가? 기도라는 단어는 모든 생명의 원천과의 창조적인 접촉보다는 무력함을 지적하는 단어가 아닌가?

기도에 대한 이러한 감정들, 경험들, 문제들, 그리고 초조함 등은 실제로 존재하며, 구체적이고 고통스럽기도 한 사건들의 결과로서 생겨나기도 한다. 기도가 없는 영성 생활은 그리스도 없는 복음과 같다. 어떤 사물을 증명하거나 옹호하기보다는 모든 의심스럽고 염려되는 문제들을 다음과 같은 하나의 질문으로 요약하는 것이 더 의미 있는 일인 듯하다: "하나님의 친밀한 교제라고 이해되는 기도가 모든 관계—우리 자신에 대한 관계 및 다른 사람들에 대한 관계—의 기초라면, 기도를 우리 생존의 축으로서 경험하며 배울 수 있는 방법은 무엇인가?" 이 질문에 초점을 둠으로써 우리 자신의 삶 및 우리가 개인적으로 친히 만나거나 이야기나 책을 통하여 만나는 사람들의 삶 속에서 기도의 중요성을 탐구할 수 있게 된다.

기도의 패러독스

기도의 패러독스는, 기도는 하나의 은사로서만 받아들일 수 있으면서 동시에 기도하는 방법을 배워야 한다는 데 있다. 기도가 겉보기에 대조적인 듯한 많은 주장들의 주제가 되는 이유를 이러한 패러독스가 정확하게 밝혀준다.

　역사적으로 모든 위대한 성인들과 유능한 영적 지도자들의 말에 의하면, 기도는 우리의 가장 고귀한 소명인 동시에 첫째 되는 의무이므로 우리는 기도하는 법을 배워야 한다. 많은 사람들이 자기가 겪은 여러 가지 형태와 여러 영역에서의 감동적인 체험들을 분명하게 표현하려 노력했으며, 자기들의 길을 따르라고 독자들에게 격려해왔다. 그들은 우리에게 "쉬지 말고 기도하라"(살전 5:17)고 한 사도 바울의 말을 상기시키며, 하나님과의 친밀한 관계를 발달시키는 방법에 대한 정교한 교훈들을 준다.

　우리는 많은 "기도의 학파들," 그리고 이 학파나 저 학파를 지지하는 정교한 논쟁들을 발견한다. 그러한 학파나 전통 중의 하나가 "헤시카즘"(Hesychasm)이다. 이것은 휴식을 의미하는 헬라어 *hesychia* 에서 파생된 것이다. 9세기 러시아의 헤시카스트(hesychast)인 은둔자 테오판(Theophan)은 기도에 대한 훌륭한 교훈을 다음과 같은 글에서 제공했다.

> 항상 주님과 함께 거하라. 정신을 마음 속에 두며 생각이 이리저리 방황하지 않게 하라. 당신의 생각들이 길을 벗어나면, 그것들을 다시 끌어들여 당신의 마음의 밀실 안에 붙들어 두고, 하나님과의 친교 속에서 즐거워 하라.[2]

　테오판을 비롯하여 모든 위대한 영적 저술가들은 하나님과의 친밀한 관계에 이르기 위해서는 진지한 영성 훈련이 반드시 필요하다고 생각하였다. 그들은 열심으로 노력하지 않고 행하는 기도에 대해서는 말할 가치조차 없다고 여겼다. 어떤 신령한 저자들은 기도를 위해 기울인 자신의 노력을 무척 구체적으로 자세하게 기록하였기 때문에, 독자들은 단지 열심으로 일하고 엄격하게 참고 견디기만 하면 기도의 모든 영역에 이를 수 있다는 잘못된 생각을 하기도 한다. 이러한 생각은 많은 환멸을 낳는다. 왜냐하면 많은 사람들은 여러 해 동안 열심으로 기도를 했는데도 처음 기도를 시작할 때보다 더 하나님에게서 멀어졌다고 느끼기 때문이다.

그러나 기도 훈련에 대해 이야기하는 성인들과 영적 지도자들은 기도는 하나님이 주시는 은사라는 것을 상기시킨다. 우리 스스로 기도하는 것이 아니라 우리 안에 계신 하나님의 성령이 기도하는 것이라고 그들은 말한다. 사도 바울은 이것을 분명하게 표현하면서 "성령으로 아니하고는 누구든지 예수를 주시라 할 수 없느니라"고 말했다(고전 12:3). 우리는 하나님께 어떤 관계를 맺자고 강요할 수 없다. 하나님은 자신의 뜻에 따라 솔선하여 우리에게 오시는 것이지, 우리가 훈련이나 노력이나 금욕적 실천 등에 의해 그분을 우리에게 오시게 할 수는 없다. 모든 신비가들은 한결같이 기도는 "은혜," 곧 하나님께서 값없이 주시는 선물로서 우리는 오로지 감사함으로 그것에 응답해야 한다는 점을 강조한다. 그러나 그들은 이 귀한 선물이 진실로 우리가 닿을 수 있는 곳에 있다고 부언한다.

하나님은 예수 그리스도 안에서 가장 친밀한 방법으로 우리의 삶 속에 들어오셨다. 그러므로 우리는 성령을 통하여 하나님의 생명 속에 들어갈 수 있게 되었다. 이것이 예수께서 잡히시던 날 밤에 제자들에게 하신 능력있는 말씀, "내가 너희에게 말하노니 내가 떠나가는 것이 너희에게 유익이라 내가 떠나가지 아니하면 보혜사가 너희에게로 오시지 아니할 것이요 가면 내가 그를 너희에게 보내리니"(요 16:7)의 의미이다. 하나님은 예수 안에서 우리 중의 하나가 되셔서 예수를 통하여 우리를 하나님 자신의 신적 생명과 통할 수 있게 하셨다. 예수께서는 우리와 같이 되시기 위해 우리에게 오셨고, 우리로 하여금 예수처럼 되게 하기 위해 우리에게서 떠나셨다. 하나님은 자기의 영, 자기의 생기를 우리에게 주심으로써 우리와 우리 자신의 관계보다 우리와 더 가깝게 되셨다. 하나님의 생기로 말미암아 우리는 하나님을 아바 아버지라 부를 수 있으며, 아버지와 아들간의 신비하고 신적인 관계를 누릴 수 있다. 예수 그리스도의 영 안에서 기도하는 것은 하나님의 본질적인 생명에 참여하는 것을 의미한다.

토마스 머튼은 다음과 같은 글을 썼다.

> 그리스도와 그리스도인의 연합은 신비한 연합이다. 그 안에서 그리스도는 내 안에 있는 생명의 원천이요 원리가 되신다…그리스도께서는 내 안에서 호흡하시며 나에게 자기의 영을 주신다.[3]

기도 속에서 누리는 하나님과의 교제를 가장 잘 표현할 수 있는 이미지는 아마 하나님의 호흡이라는 이미지일 것이다. 우리는 마치 걱정에서 해방된 천식 환자와 흡사하다.

성령께서 우리의 편협함(걱정을 나타내는 라틴어 *angustia*에는 편협함이라는 의미가 있다)을 제거해 주시고 모든 것을 새롭게 만들어 주셨다. 우리는 새로운 호흡, 새로운 자유, 새로운 생명을 받고 있다. 이 새 생명은 하나님 자신의 신적 생명이다. 그러므로 기도는 우리 안에 있는 하나님의 호흡으로서 그것에 의해 우리는 하나님의 내적 생명의 본질의 일부가 되며, 그것에 의해 새로 탄생한다.

이처럼 기도는 받아들여야 하는 선물이며, 동시에 기도를 하는 데에는 진지한 노력이 필요하다는 것이 기도의 패러독스이다. 우리는 하나님을 계획하거나 조직하거나 조종할 수 없다. 세심한 훈련을 받지 못하면 우리는 하나님을 받아들일 수조차 없다. 이와 같은 기도의 패러독스는 우리로 하여금 자신의 유한한 생존의 한계를 초월한 곳을 바라보게 만든다. 우리는 자유로이 생명을 창조하시고 재창조하신 분과 접촉함으로써 불멸이라는 환상을 몰아내고 자신의 연약하고 유한한 상태를 완전히 깨닫게 되고 하나님이 주신 은사에 감사함으로 응답하게 된다.

흔히 기도는 연약한 우리가 자조(自助)할 수 없게 되었을 때에 사용되는 지원 체계로 간주된다. 그러나 이것은 기도의 하나님이 우리 자신의 이미지 속에서 만들어져서 우리 자신의 욕구와 관심에 적용되었을 때에만 사실이 된다. 그러나 우리가 기도를 함으로써 우리의 조건이 아니라 하나님의 조건에 따라 하나님과 접촉하게 될 때, 우리는 자아에 대한 선입견에서 탈피하여 우리의 정신이나 마음의 좁은 한계 안에 포함시킬 수 없는 새로운 세계로 들어갈 수 있는 힘을 얻는다. 그리하여 우리와 새로운 관계를 갖게 되는 하나님은 우리보다 위대하시며 우리가 측량하거나 예측할 수 없는 분이시기 때문에 기도는 위대한 모험이다.

망상에서 기도로의 이동은 우리로 하여금 거짓 확실성에서 참 확실성으로, 쉬운 지원 체계에서 위험한 굴복으로, 많은 안전한 신들로부터 사랑이 무한하신 하나님에게로 인도해 주는 것이기 때문에 그것을 행하는 것은 어려운 일이다.

하나님의 현존과 부재

하나님은 우리의 마음과 정신, 감정과 생각, 기대와 욕망, 우리의 삶을 구성하는 모든 사건과 경험을 초월하시면서도 이 모든 것의 중심에 계신다. 기도 속에서는 하나님의 현존과 부재가 실질적으로 구분되지 않으므로, 여기에서 우리는 기도의 본질에 접하게 된다. 기도 속에서는 하나님의 현존은 하나님의 부재와 구분되지 않으며, 하나님의 부재는 하나님의 현존과 구분되지 않는다. 하나님의 현존은 인간들이 함께 거하는 것을 초월하는 것이기 때문에 부재로 감지되기 쉽다. 반면에 하나님의 부재를 깊이 느끼면 하나님의 현존을 새로이 의식하게 된다. 이것이 시편 22:1-5에 잘 표현되어 있다.

> 내 하나님이여 내 하나님이여 어찌 나를 버리셨나이까
> 어찌 나를 멀리하여 돕지 아니하시며
> 내 신음하는 소리를 듣지 아니하시나이까
> 내 하나님이여 내가 낮에도 부르짖고
> 밤에도 잠잠치 아니하오나
> 응답지 아니하시나이다
> 이스라엘의 찬송 중에 거하시는 주여
> 주는 거룩하시니이다
> 우리 열조가 주께 의뢰하였고 의뢰하였으므로
> 저희를 건지셨나이다
> 저희가 주께 부르짖어 구원을 얻고
> 주께 의뢰하여 수치를 당치 아니하였나이다

이 기도는 이스라엘 백성의 경험을 표현한 것일 뿐만 아니라 기독교 체험의 절정이라고 할 수 있다. 예수께서 십자가에서 이 말씀을 하셨을 때, 전적인 고독과 완전한

영접이 서로 접했다. 모든 것을 버리고 완전히 비운 그 순간에 모든 것이 이루어졌다. 그 어두움의 순간에 새로운 빛이 보였다. 사망이 증명되는 순간에 생명이 확언되었다. 하나님의 부재가 큰 소리로 표현되는 곳에서 하나님의 현존이 심오하게 계시되었다. 하나님께서 친히 인간이 되셔서 인간으로서 하나님 부재의 고통스러운 체험을 하셨을 때, 하나님은 우리에게 현존하시게 되었다.

우리는 기도할 때에 이러한 신비 속에 들어간다. 흙으로 만든 존재인 우리가 하나님과 나누는 친밀한 교제는 인간의 교제를 초월하는 것이며, 이미 오셨지만 장차 오실 분을 성실하게 기다리는 일에서 체험된다.

우리가 특별히 자신의 독거의 중심에서, 그리고 우리가 다른 사람들을 위해 만든 공간 속에서, 하나님 현존의 깊은 의식에 압도되는 순간이 있다. 그러나 우리는 대체로 공허함이라는 고통스러운 의식 속에 남겨지며, 하나님을 체험하되 부재하시는 하나님으로만 체험할 수 있다.

프랑스의 여류 작가 사이몬 윌(Simone Weil)은 노트에 "인내하고 기대하면서 기다리는 것이 영성 생활의 기초이다"라고 적었다.[4] 그녀는 우리가 기도로서 하나님과 접촉할 때에는 하나님의 현존과 부재가 구분되지 않는다는 것을 강력하게 표현했다.

영성 생활이란 무엇보다도 인내하면서 기다리는 것, 즉 고난 속에서 기다리는 것으로서, 그 동안에 이루어지지 못한 일들을 체험하는 많은 일이 우리로 하여금 하나님의 부재를 생각하게 한다. 그러나 그것은 또한 기대 속에서 기다리는 것으로서 우리로 하여금 자신의 고통의 중심에서 오시는 하나님의 첫째 표식을 인식하게 해준다. 그러므로 하나님 현존의 신비는 오로지 하나님의 부재를 깊이 의식함에 의해서만 접촉할 수 있다. 우리는 부재하시는 하나님에 대한 갈망 속에서 그분의 발자국을 발견해내며, 하나님을 사랑하려는 우리의 갈망은 하나님께서 먼저 우리에게 베풀어 주신 사랑에서 태어난다는 것을 깨닫는다. 우리는 사랑하는 분을 인내하며 기다리는 동안, 그가 이미 우리의 삶에 많은 것을 채워 주셨음을 발견한다.

아들을 향한 어머니의 사랑은 아들이 먼 곳에 있을 때에 더 깊어지고, 집을 떠나 있을 때에 부모의 고마움을 잘 알게 되며, 연인들이 서로 떨어져 있는 동안 상대방을 재발견할 수 있듯이 하나님과 우리의 친밀한 관계는 하나님의 부재라는 정화의 체험으로 인해 깊어지고 성숙한다.

우리는 자신의 갈망에 귀를 기울임으로써 그것들의 창조주이신 하나님의 음성을 듣는다. 우리는 자신의 독거의 중심에 접촉함으로써 사랑의 손이 자신을 어루만졌다는 것을 감각한다. 우리는 사랑하고픈 무한한 갈망을 주시함으로써, 하나님께서 먼저 우리를 사랑하셨기 때문에 우리가 하나님을 사랑할 수 있다는 것, 우리는 하나님 자신의 내적 친밀함에서 태어났기 때문에 우리도 친밀함을 제공할 수 있다는 것을 의식하게 된다.

생명의 파괴가 맹렬하게 이루어지며 인간성의 거친 상처가 뚜렷이 보이는 이 거친 시대에 정화의 목적을 지닌 하나님 부재의 체험을 너그러이 참고 인내하며, 경건하게 하나님의 길을 예비하기 위해 우리의 마음을 개방한다는 것은 지극히 어려운 일이다.

우리는 문제들의 타당성에 대해 질문하기보다는 신속하게 해답을 얻고픈 유혹을 받는다. 우리는 신속한 치료를 약속하는 제안을 믿으려는 성향이 너무 강하기 때문에 신비 체험들이 사방에 무성하게 퍼지며 영리적인 것들을 추구해왔다는 것은 그리 놀라운 일이 아니다. 많은 사람들은 강력한 일치의 체험, 기쁘고 달콤한 감정들, 황홀감 등을 약속하는 사람들이나 장소를 찾아 몰려 간다. 우리가 필사적인 성취 욕구 및 신적 교제의 체험을 부산하게 추구할 때에 자신의 영적 사건들을 만들어내는 경향이 많다. 우리 사회처럼 조급한 풍토에서는 기다림 속에서 구원을 보는 일이 무척 어렵다.

   그러나 인간은 구원하시는 하나님을 만들어 내지 못한다. 하나님은 "이미"와 "아직도", 부재와 임재, 떠남과 돌아옴 등의 사이를 구분하는 인간의 심리학적 구분을 초월하신다. 기대하면서 인내함으로 기다릴 때에 우리는 서서히 망상에서 벗어나 시편 기자처럼 기도할 수 있게 된다.

> 하나님이여 주는 나의 하나님이시라
> 내가 간절히 주를 찾되
> 물이 없어 마르고 곤핍한 땅에서
> 내 영혼이 주를 갈망하며
> 내 육체가 주를 앙망하나이다
> 내가 주의 권능과 영광을 보려 하여
> 이와 같이 성소에서 주를 바라보았나이다
>
> 주의 인자가 생명보다 나으므로
> 내 입술이 주를 찬양할 것이라
> 이러므로 내 평생에 주를 송축하며
> 주의 이름으로 인하여 내 손을 들리이다
> 골수와 기름진 것을 먹음과 같이
> 내 영혼이 만족할 것이라
>
> 내 입이 기쁜 입술로 주를 찬송하되
> 내가 나의 침상에서 주를 기억하며
> 밤중에 주를 묵상할 때에 하오리니

주는 나의 도움이 되셨음이라
내가 주의 날개 그늘에서 즐거이 부르리이다
나의 영혼이 주를 가까이 따르니
주의 오른 손이 나를 붙드시거니와(시 63:1-8)

저항을 기도로 전환하라

우리는 불멸에 대한 망상을 벗어버려야만 우리의 기대와 꿈과 갈망들을 초월하시는 하나님께 팔을 뻗을 수 있는 자유로운 공간을 만들 수 있다. 우리가 고독과 적개심으로부터 완전히 해방될 수 없듯이, 망상으로부터도 완전히 벗어날 수 없을 것이다. 그러나 자신의 망상을 망상으로 인정할 때에 또한 기도의 윤곽을 깨닫게 될 것이다.

우리는 항상 기도와 망상이라는 양극 사이에서 움직이고 있다. 때로 우리가 일상 생활에 너무 몰두하여 기도라는 말만 들어도 짜증이 나는 때가 있다. 또 기도가 쉽고 명백하며 생활화되는 때도 있다. 그러나 일반적으로 우리는 자신이 그 중간에 있음을 발견한다. 한 손에 소중히 여기는 소유물을 들고서 기도하는 사람은 자신의 망상적 특성을 제대로 의식하지 못한다.

그러나 때때로 우리는 이처럼 반은 잠들고 반은 깨어 있는 상태에서 깨어 일어나기도 한다. 전쟁, 갑자기 임한 가난, 질병, 혹은 사망 속에서 "삶의 부조리"를 대면할 때에 우리는 더 이상 중간에 머물지 못하며 응답하라는 요청을 받는다. 종종 우리가 나타내는 최초의 반응은 당황함에서 터져 나오는 저항이다. 이처럼 삶의 위기에 있을 때에 우리는 다시 자신의 망상들을 상기하게 되며, 자신의 저항을 기도로 전환하라는 요청을 받는다. 이것은 무척 어려운 일이지만 우리를 실재로부터 멀어지지 않고 오히려 더 가깝게 해주는 일이다.

최근에 목회 사역을 위해 오랜 학업을 마치고 처음으로 교회를 맡아 부임할 준비를 하고 있던 학생이 오토바이 사고로 갑자기 사망했다. 그를 알고 있는 사람들은 마음 속으로 강력하고 분노에 가득찬 저항을 느꼈다. 왜 많은 사람들을 위해 많은 일을 해온 고결한 사람이 죽어야 했는가? 왜 오랜 기간 동안 많은 비용을 들여 교육을 마치고 이제 열매를 맺기 시작하려는데 죽어야 했는가? 왜 이처럼 예기치 않게 사고로 죽어야 했는가? 이 모든 합리적인 질문들에 대한 대답은 없었다. 인간이 나타낼 수 있는 유일한 반응은 분노로 가득한 강력한 저항인 듯했다.

그러한 저항은 우리가 생명이 무엇인지 알고 다스리며, 그 목표 뿐만 아니라 가치도 결정한다는 망상의 연속이다. 우리는 인간 생존의 부조리를 기도로 전환하라는 도전을 받는다. 기도는 우리로 하여금 자신의 생존의 한계를 초월하여 무한하신 사랑과 자비로 우리의 생명을 자기의 손과 마음 속에 품으시는 하나님을 향하게 해준다. 이 도전을 받아들이려 할 때에 우리는 시편 기자처럼 지혜롭게 말할 수 있다.

> 인생들아 어느 때까지 나의 영광을 변하여 욕되게 하며
> 허사를 좋아하고 궤휼을 구하겠는고
> 여호와께서 자기를 위하여 경건한 자를
> 택하신 줄 너희가 알지어다
> 내가 부를 때에 여호와께서 들으시리로다(시 4:2-3)

8
마음의 기도

올바른 길, 법을 찾으라

낯선 이를 환대하는 방법이 많듯이, 기도하는 방법도 여러 가지이다. 우리가 기도에 대해 진지하게 생각하며, 그것을 사람들이 살아가면서 행하는 많은 일들 중의 하나가 아니라 근본적이고 수용적인 태도로서 거기에서 모든 생명이 새로운 생명력을 받을 수 있다고 여기게 되면, 다음과 같은 질문을 하게 된다: "나는 어떤 방법으로 기도해야 하는가? 내 마음으로 드리는 기도는 어떤 것이어야 하는가?"

예술가들이 자기에게 가장 좋은 스타일을 구하듯이, 기도하는 사람들은 마음으로 드리는 기도를 구한다. 우리는 자신의 삶에서 가장 심오하며 가장 귀한 것을 표현할 뿐만 아니라 적절하게 보호해야 한다. 그러므로 세심하게 처방된 몸짓과 단어, 세밀하고 정교한 의식들에 의해 기도가 둘러싸이는 것은 당연한 일이다.

트라피스트 수도원을 방문해 보면, 온전히 기도에 헌신하는 생활을 하려는 사람들이 엄격한 훈련을 하고 있음을 보게 된다. 트라피스트 수도사들은 일생 동안 베네딕트가 만든 규칙에 따라 생활한다. 그 규칙은 그 공동체의 영적 지도자인 수도원장에 의해 사려깊고 지혜롭게 해석되며 안전하게 지켜진다. 그 거룩한 규칙은 트라피스트 수도사들의 기도 생활을 위한 것으로서 마치 귀금속을 황금으로 세팅하는 것과 같다. 그 규칙은 기도의 참된 아름다움을 나타내주며, 완전히 즐기게 해준다. 그 규칙을 등한히 하는 것은 기도를 등한히 하는 것이다. 자신이 무슨 일을 하든지 간에 자신의 일생이 끊임없는 기도 생활이 되기를 원하는 수도사는 이것이 오로지 자신의 일생의 목표를 인식하는 일에 도움이 되는 구체적인 생활 계획 속에서만 가능하다는 것을 안다. 그러므로 트라피스트 수도원에서는 성만찬, 공동 찬송, 개인적인 묵상, 연구와 노동, 먹고 자는 것 등 모든 것이 세심하게 규제되고 성실하게 준수된다. 며칠 동안이라도 그러한 생활에 동참해본 사람은 관상 생활의 깊은 리듬 속에서 위대한 기도의 비밀을 감지할 수 있다.

이처럼 잠시나마 트라피스트 수도원을 방문해 본다면, 진지한 기도 생활을 원한다 해도 구체적인 방법이 없이는 그 소원을 계속 보존할 수 없다는 것, 혹은 어느 정도나마 기도 생활을 이해할 수 없다는 사실을 설명하는 데 도움이 된다. 물론 삶이 전개되어 가는 동안 많은 방향 수정이 필요하며 새로운 방법을 탐구해야 할 필요가 있을 것이다. 어쨌든 우리는 길을 통해서만 목적지에 도달할 수 있으며, 기도 생활에도 방법이 반드시 필요하다.

"내 마음으로 드리는 기도는 어떤 것이 되어야 하는가?"라는 개인적인 질문에 대한 답을 얻으려면, 무엇보다 먼저 개인적인 기도를 발견하는 방법을 알아야 한다. 자기

특유의 삶과 환경과 성품과 식견과 행동의 자유를 지닌 개인으로서 우리가 하나님과의 교제를 시작하라는 소명을 받은 방법을 발견해 내려면 어디를 찾아 보며 무슨 일을 행하며 누구를 만나야 하는가? 마음의 기도에 대한 질문은 실제로는 우리의 지극히 개인적인 소명에 대한 질문이다.

말, 침묵, 그리고 인도자

기도 생활을 위한 몇 가지 지침을 작성하는 것이 가능할 것 같다. 진실로 기도 생활을 원하는 사람들의 생활을 자세히 관찰해보면, 그들은 세 가지 규칙을 지키고 있다. 즉 하나님의 말씀을 묵상하며 읽는 것, 고요히 하나님의 말씀에 귀를 기울이는 것, 영적 지도자를 신뢰하여 그에게 순종하는 것 등이다. 성경이 없다면, 고요한 시간이 없다면, 우리를 지도해줄 사람이 없다면, 하나님께로 가는 길을 발견하기가 대단히 어려우며 실질적으로 불가능하다.

첫째, 우리는 성경에 기록된 하나님의 말씀에 세심한 관심을 기울여야 한다. 성 어거스틴은 어린 아이가 "들고 읽으라, 들고 읽으라"[1]고 말하는 소리에 응답하여 회심하게 되었다. 그가 성경을 들고 펼쳐진 곳을 읽기 시작했을 때, 그는 자신이 읽고 있는 말씀이 곧 자기에게 하시는 하나님의 말씀이라고 느꼈다.

성경을 들고 읽는 것은 하나님의 부르심에 자신을 개방하기 위해 해야 하는 첫번째 일이다. 성경을 읽는 것은 생각하는 것처럼 쉽지 않다. 우리는 학구적인 세계에 살고 있기 때문에 자신이 읽는 것은 모조리 분석하고 토론하려는 경향을 가지고 있다. 그러나 하나님의 말씀은 무엇보다도 우리를 관상과 묵상으로 인도해야 한다. 우리는 말씀을 분석하기보다는 우리의 내적 존재 안에 모아 들여야 하며, 그 말씀에 동의할 것인지 반대할 것인지 생각하기보다는 우리에게 직접 하신 말씀은 무엇이며 우리의 지극히 개인적인 이야기와 직접적으로 연관된 말씀은 무엇인지를 알려 해야 한다. 말씀을 흥미로운 대화나 보고서 작성을 위한 잠재적인 주제로 여기기보다는 그 말씀들이 우리의 마음의 감추인 구석, 이제까지 다른 말이 들어온 적이 없는 곳까지 꿰뚫고 들어가게 해야 한다. 그렇게 해야만 그 말씀은 비옥한 땅에 뿌려진 씨처럼 열매를 맺을 수 있으며, 그 때에 우리는 진정으로 듣고 깨달을 수 있다(마 13:23).

둘째, 우리에게는 하나님의 임재 속에 거하는 고요한 시간이 필요하다. 비록 우리가 자신의 모든 시간을 하나님을 위한 시간으로 만들기를 원하더라도, 만일 일 분, 한 시간, 하루 아침, 하루, 일 주일, 한 달 등 일정 시간을 하나님을 위한 시간, 오로지 하나님만을 위한 시간으로 남겨 두지 못한다면 결코 그 일에 성공할 수 없을 것이다. 이렇게 하려면 많은 훈련이 필요하고 또 위험을 감수해야 한다. 왜냐하면 우리에게는 항상 긴급하게 해야 할 일이 있으며, 아무 일도 하지 않고 있는 것은 우리에게 도움이 되기보다 방해가 되는 경우가 많기 때문이다. 그러나 이 일을 하는 데는 다른 방법이 없다. 우리 하나님의 임재 속에서 무익하고 고요하게 거하는 것이 모든 기도의 핵심이다. 처음에는 우리는 종종 하나님의 음성보다는 자신의 다루기 어려운 내적 소음들을 듣기도 한다. 이것은 대단히 견디기 어렵다. 그러나 서서히, 아주 느리게 우리는 고요한 시간이 우리를 고요하게 만들어주며, 우리 자신과 하나님에 대한 의식을 깊게 해준다는 것을 발견한다. 그 때 곧 우리는 박탈당한 순간들을 그리워하기 시작하며, 우리가 그것을 완전히 의식하기 전에 우리를 더욱 깊은 고요함으로, 하나님께서 우리에게 말씀하시는 그 고요한 지점으로 이끌어 가는 내면의 힘이 발달된다.

성서를 묵상하는 것과 하나님의 임재 속에 있는 고요한 시간은 서로 밀접하게 연결되어 있다. 하나님의 말씀은 우리를 침묵으로 이끌며, 침묵은 우리로 하여금 하나님의 말씀을 경청하게 만든다. 하나님의 말씀은 인간의 다변(多辯)이라는 두꺼운 벽을 뚫고 마음의 고요한 중심으로 들어온다. 침묵은 우리 안에 말씀에 귀를 기울일 수 있는 공간을 만든다. 말씀을 읽지 않으면 침묵은 신선미가 없어지며, 침묵이 없으면 말씀은 재창조의 능력을 상실한다.

말씀은 침묵으로 이어지고, 침묵은 말씀으로 이어진다. 말씀은 침묵 속에서 태어나며, 침묵은 말씀에 대한 가장 심오한 반응이다. 그러나 말씀과 침묵 모두 안내를 필요로 한다. 우리 자신이 잘못 알고 있지 않다는 것, 우리에게 가장 적합한 말씀들을 선택하지 못하고 있다는 것, 우리가 자신의 상상의 목소리에 귀를 기울이지 않고 있다는 것을 어떻게 알 수 있는가?

많은 사람들이 성서를 인용해왔으며, 또 많은 사람들이 침묵 속에서 음성을 듣고 환상을 보았다. 그러나 하나님께 이르는 길을 발견한 사람들은 극히 적었다. 자신의 상태를 스스로 판단할 수 있는 사람은 누구인가? 과연 자신의 감정과 식견이 자신을 올바른 방향으로 인도하고 있다고 판단할 수 있는 사람은 누구인가?

우리 하나님은 우리의 마음과 정신보다 위대하시다. 그러나 우리는 자기 마음의 소원과 정신의 사색들을 하나님의 뜻으로 삼으려는 유혹을 받는다. 그러므로 우리에게는 지도자, 곧 하나님의 음성과 우리가 통제할 수 없는 어두움의 권세나 우리 자신의 혼동에서 오는 음성들을 구분할 수 있도록 도와줄 조언자가 필요하다. 우리가 모든 것을 포기하며 모든 것을 잊고 절망 속에서 걷고픈 유혹을 받을 때에 우리를 격려해줄 사람이 필요하다. 우리가 무모하게 분명치 않은 길로 움직이거나 교만하게도 애매한 목표를 향해 서둘러 가려 할 때에 우리를 억제해줄 사람이 필요하다. 우리에게 성경을 읽어야 할 때, 침묵해야 할 때, 묵상해야 할 말씀, 침묵으로 인해 평화를 느끼지 못하고 두려움을 느낄 때에 해야 할 일을 제안해줄 수 있는 사람이 필요하다.

영적 안내자가 필요하다는 제안에 대해 우선적으로, 거의 무의식적으로 나타내는 반작용은 "영적 안내자들을 발견하기가 어렵다"는 것이다. 아마 이것이 사실일 수도 있을 것이다. 그러나 영적 지도자들이 이처럼 부족하게 된 이유 중에는 동료 인간들을 자신의 영적 지도자로 초청하지 않으려는 우리의 태도가 포함된다. 만일 끊임없이 훌륭한 교사를 찾는 학생들이 없다면, 훌륭한 교사들은 존재하지 않을 것이다. 영적 지도자들에 대해서도 동일한 말을 할 수 있다. 우리가 영적 지도를 청하지 않기 때문에 재능을 잠재우고 있는 사람, 위대한 영적 감수성을 지닌 사람들이 많다. 실제로 만일 우리가 마음의 기도를 찾는 일을 도와 달라고 청하기만 하면 우리 덕택에 지혜롭고 거룩하게 될 사람들이 많다.

영적 지도자라고 해서 반드시 우리보다 경험이 많거나 총명해야 하는 것은 아니다. 중요한 것은 그가 우리의 요청을 받아들여 우리를 하나님께 가까이 가게 해주며 우리와 함께 하나님께서 말씀하시는 침묵과 성서 속으로 들어

간다는 점이다. 우리가 진정으로 기도 생활을 원하며 마음의 기도가 무엇인지를 진지하게 자문할 때, 우리도 역시 우리에게 필요한 형태의 지침을 세울 수 있으며, 질문받기를 기다리는 사람이 있다는 것을 발견할 수 있을 것이다. 종종 우리는 도움을 청할 수 있는 대상, 진실로 우리를 도울 수 있는 은사를 받으며 우리와 함께 기도를 향해 성장하게 될 사람들을 발견해낼 것이다.

이와 같이 성경, 침묵, 영적 지도자 등은 하나님과의 친밀한 관계로 들어가는 개인적인 길을 찾는 데 있어서 중요한 세 가지 안내자이다. 우리가 끊임없이 성경을 묵상하고, 하나님의 임재 속에서 침묵하기 위한 시간을 배정하며, 말씀과 침묵과 관련된 우리의 체험들을 기꺼이 영적 지도자에게 맡길 때, 우리는 새로운 망상을 계발하지 않으며 마음의 기도로 가는 길을 열 수 있다.

역사적 지혜

실제로 성실하게 인내하면서 하나님과 교제하기를 원하는 모든 기독교인들은 생의 어느 순간에 자신의 안내자가 될 수 있는 사람을 구할 것이다. 그러나 영적 지도란 일 대 일의 관계에만 그치는 것이 아니다. 역사적으로 기도하는 데 일생을 헌신한 많은 기독교인들의 영적 지혜는 여러 가지 상이한 전통, 생활 양식, 또는 당대의 기독교에 남아 있는 영성 속에 보존되어 있으며 재생되어 있다.

사실 가장 으뜸가고 영향력있는 우리의 안내자는 상이한 환경들 속에 널리 보급되어 있는 기도하는 관습들, 예배하는 양식들, 하나님에 대해 말하는 방법들일 경우가 많다. 각각의 영적 환경들은 각기 나름대로의 강조점을 가지고 있다. 어느 지역에서는 침묵이 강조되며, 또 어느 곳에서는 성서 연구가 강조된다. 개인적인 묵상을 중시하는 곳이 있는가 하면, 공동 예배를 중시하는 곳도 있다. 위대한 신비 체험들을 온전함에 이르는 길이라고 주장하는 곳이 있는가 하면, 평범한 일상 생활의 작은 길을 강조하는 곳도 있다. 이러한 강조점들은 대체로 새로운 영성 운동의 출발점이 된 것, 그 영성 운동에서 주된 감화력을 끼치는 사람의 개인적인 성품, 그리고 그것이 반응하는 특별한 욕구에 따라 다르다.

이러한 영성 운동들은 대체로 위대한 심상(心象)을 지닌 영향력있는 역사적 인물과 관련되어 있기 때문에 우리는 자신의 개인적인 길을 찾을 때에 그들을 지도자로 삼아 도움을 받을 수 있다. 베네딕트, 프랜시스, 도미니크, 프란시스 드 살레, 조지 폭스, 존 웨슬리, 익나티우스 로욜라, 아빌라의 테레사, 야곱 뵈메, 헨리 마틴, 존 헨리 뉴먼, 죄렌 키에르케고르, 샤를르 드 푸꼬, 닥 함마슐드, 마틴 루터 킹, 토마스 머튼 등 많은 사람들은 자신의 삶 및 제자들과 성실한 학생들의 삶에 의해서 우리가 마음의 기도를 발견하려 할 때에 지향해야 할 점과 참고 사항들을 제공해준다.

어느 날 나는 대단히 소심하고 수줍어 하는 사람을 만났다. 그는 대단히 총명한 사람이었지만, 세상을 너무 위대하다고 여기는 듯했다. 그는 눈에 뜨이거나 특별한 일을 하라고 권하면 겁을 냈다. 그에게 있어서 일상 생활이라는 조그마한 현실을 성실하게 살아가는 조그만 길은 기도의 길이었다. 그가 자기의 영적 지도자인 테레사(Therese of Lisieux)에 대해 말할 때면, 그의 눈은 반짝이고 기쁨으로 가득차는 것 같았다. 그러나 다소 정열적인 그의 이웃은 사막의 성자 성 안토니나 클레르보의 버나드의 본보기, 그리고 그가 진정한 영성 생활을 발견하는 일에 도움을 줄 수 있는 영적으로 강건한 사람을 필요로 했다.

이처럼 감화력 있는 안내자가 없으면, 우리 자신의 길을 발견하려는 소원을 끝까지 성실하게 지키기 어렵다. 그것은 고되고 고독한 탐색이므로, 끝까지 인내하여 그 길을 찾아 내려면 끊임없는 식견과 지원 그리고 위로가 필요하다.

진실로 위대한 과거의 성인들은 모방을 요구하지 않는다. 그들이 간 길은 독특한 것이며 다시 되풀이 될 수 없는 길이다. 그러나 그들은 우리를 자신의 삶으로 초청하며, 우리 자신의 탐색을 위한 호의적인 공간을 제공해준다. 어떤 사람은 우리를 쫓아내며 우리를 불편하게 만든다. 또 어떤 사람들은 우리를 화나게 한다.

그러나 역사적으로 많은 위대한 영적 사람들 속에서 우리 마음의 언어로 말하며 우리에게 용기를 주는 몇 명의 사람들을 발견할 수 있을 것이다. 이런 사람들이 바로 우리의 안내자이다. 우리는 그들의 삶을 모방할 것이 아니라 그들의 삶으로부터 우리 자신의 삶을 살아가는 데 필요한 도움을 받아야 한다. 그러한 안내자를 발견했을 때, 우리는 감사해야 하며 그들이 하는 이야기를 경청해야 한다.

순례자의 길

많은 영성, 기도 방법, 그리고 하나님께 이르는 길들 중에서 비교적 알려져 있지 않지만 현대의 영적 분위기에 특히 적절하다고 할 수 있는 방법이 있다. 그것은 헤시카즘(Hesychasm)이라는 영성으로서 동방 정교회에서 가장 오랜 영적 전통들 중의 하나이다. 그런데 최근 『순례자의 길』[2] 영어판이 출판되면서 서방 세계에서 이것에 새로운 관심을 갖게 되었다. 여러 가지 방법을 간단하게 다루기 보다는 한 가지 방법, 헤시카스트들의 방법을 자세히 설명 하는 것이 낫다고 생각된다. 헤시카즘은 지금까지 언급되 었던 것들을 묘사할 뿐만 아니라, 이것이 주장하는 것에는 대단히 현대적인 것처럼 보이기 때문이다.

우리 모두는 불굴의 의지를 가지고 부지런히 마음의 기 도—즉 우리 자신의 기도요 하나님을 접촉하는 우리 자신 의 독특한 방법이 되는 기도—를 구하라는 부르심을 받고 있다. 헤시카즘은 마음의 기도를 중심 개념으로 삼으며, 거기에 구체적인 내용을 부여하고 그것을 인식하기 원한 분명한 지침을 제공해 준다.

그렇다면 헤시카즘이란 무엇인가? 헤시카즘이란 5세기 에 시작되어 시내 산의 수도원에서 발달했으며, 후일에는 아토스 산에서 발달된 영적 전통이다. 그것은 19세에 있었 던 러시아의 영적 부흥 기간에 활발하게 활동했으며, 서방 에서는 점차 가장 가치있는 기도 "학파들" 중의 하나로 여겨지고 있다. 헤시카즘의 전통이 가장 심오하게 표현되 는 기도는 예수기도이다. 이것은 "주 예수 그리스도시여, 나를 불쌍히 여기소서"라고 기도하는 간단한 기도이다. 티 모시 웨어(Thmothy Ware)는 예수기도에 대해 다음과 같 이 말했다.

> …수백년을 내려오는 동안 많은 정교회 신자들은 이 간단 한 기도를 중심으로 하여 자기들의 영성 생활을 세웠으 며, 이 기도를 통하여 기독교적 지식의 가장 심오한 비밀 속에 들어갔다.[3]

우리는 어느 러시아 농부가 온 나라를 방랑하면서 예수 기도의 놀라운 열매들과 내적 기쁨과 타오르는 즐거움을 발견했다는 이야기 속에서 헤시카즘과 예수기도의 가치를 생생하게 이해할 수 있을 것이다.『순례자의 길』에는 그의 이야기가 기록되어 있는데, 아마 이것은 여행 도중에 그를 만난 어느 러시아 수도사가 기록한 것일 가능성이 많다.

> 몇 년 전 나는 두 명의 절친한 친구들과 함께 묵상을 하면서 사흘을 보낸 적이 있다. 우리는 대부분의 시간은 침묵하며 지냈지만, 저녁 식사 후에는 서로 돌아가면서『순례자의 이야기』를 읽었다. 이 기분 좋고 매력적인 영적 서적은 우리에게 심오한 영향을 주었으며, 부산하고 열광적인 생활 속에서 지극히 간단하게 기도하는 새로운 방법을 알려 주었다. 우리는 지금도 그날에 대해 "순례자와 함께 한 날들"이라고 이야기하곤 한다.

『순례자의 길』에서 러시아 농부는 쉬지 않고 기도하는 법을 발견해 내기 위해 이 마을 저 마을, 이 교회 저 교회, 이 수도사 저 수도사를 찾아다닌 이야기를 해준다. 그는 많은 설교를 듣고 많은 사람들과 상담하였으나 자신이 의도하던 것을 얻지 못했다. 그러다가 어느 수도사를 만났는데, 그 수도사는 그에게 예수기도를 가르쳐 주었다. 그 수도사는 먼저 그에게 신 신학자 시므온(Simeon the New Theologian)의 글을 읽어 주었는데, 그 내용은 다음과 같다.

> 홀로 침묵 속에 잠기라. 고개를 숙이고, 눈을 감고, 호흡을 가다듬으며, 자신의 마음 속을 들여다 보고 있다고 상상하라. 당신의 정신, 즉 생각을 당신의 두뇌로부터 마음으로 옮기라. 그리고 숨을 내쉬면서 "주 예수 그리스도시여,

나를 불쌍히 여기소서"라고 말하라. 이 기도를 가만히, 혹은 마음 속으로 드리라. 다른 생각들은 모조리 내쫓으려고 노력하며, 인내하면서 침착하게 그 과정을 자주 되풀이하라.[4]

수도사는 방문객에게 이 글을 읽어준 후에 처음에는 하루에 예수 기도를 삼천 번하고, 그 다음에는 육천 번, 그 다음에는 만 이천 번, 마지막에는 원하는 만큼 하라고 가르쳐 주었다. 순례자는 이러한 교사를 발견한 것으로 인해 기뻐하면서 그의 가르침을 세심하게 따랐다.

그는 다음과 같이 말했다.

이러한 지침 하에서 쉬지 않고 예수기도를 드리면서 여름을 보내는 동안 내 영혼은 절대적인 평화를 느꼈다. 나는 잠자는 동안에도 예수기도를 드리는 꿈을 꾸곤 했다. 혹시 낮에 누군가를 만나게 될 경우, 나는 그들이 나와 가장 가까운 관계의 사람인 듯이 귀하게 여겼다…나는 오로지 예수기도만 생각했다. 내 정신은 그 기도에 귀를 기울이려 했으며, 내 마음은 때때로 따뜻함과 즐거움을 느끼기 시작했다.[5]

농부는 자기를 가르쳐 주던 거룩한 수도사가 죽은 후, 예수기도를 하면서 이 마을 저 마을로 돌아다녔다. 그 기도는 그에게 순례 생활의 모든 역경을 대면할 수 있는 새로운 힘을 주었고, 고통을 기쁨으로 바꾸어 주었다.

나는 어떤 때에는 하루에 43-44마일을 여행하면서도 걷고 있다는 느낌을 전혀 받지 못했고 단지 내가 예수기도를 드리고 있다는 사실만 의식했다. 날씨가 몹시 추울 때면 나는 더욱 열심히 예수기도를 드렸고, 그러면 온몸이 따뜻해지는 듯했다. 배가 고플 때면 더 자주 예수의 이름을

> 불렀으며, 그렇게 하면 음식에 대한 욕구를 잊게 되었다. 병이 들거나 허리나 다리가 아플 때면 예수기도에 정신을 집중하고 육신의 아픔에는 전혀 주의를 기울이지 않았다. 어떤 사람이 나에게 해를 끼칠 때에는, 그저 "예수기도는 참으로 아름다운 기도이구나"라고 생각하기만 하면 손해와 분노가 모두 사라지며 완전히 잊는다.[6]

순례자는 전혀 망상을 갖고 있지 않았다. 그는 자기가 드리는 기도가 아직은 완전한 의미에서 마음으로 드리는 기도가 되지 못했다는 것을 깨닫고 있었다. 수도사들은 이러한 체험들은 "습관적으로 기도하다 보면 자연히 발생하는 인위적인 상태"[7]의 일부라고 말해 주었다. 그는 마음으로 드리는 기도와 관련하여 "하나님의 때를 기다리고 있다."고 말했다.

그는 자신이 머물며 일할 곳을 발견하려고 여러 번 시도했다가 실패한 후에 시베리아에 있는 성 이르쿠츠크의 이노센트(St. Innocent of Irkutusk)의 무덤으로 가기로 결정했다.

> 나는 시베리아의 목초 지대와 삼림 속에서라면 더욱 침묵 속에서 여행을 하게 될 것이며, 따라서 기도와 성경 읽기에 더 좋은 방법이 될 것이라고 생각했습니다. 나는 이 여행을 하는 동안 내내 조금도 쉬지 않고 입으로 예수 기도를 드렸습니다.[8]

이 여행을 하면서 순례자는 처음으로 마음의 기도를 체험했다. 그는 그 체험이 일어나게 된 방법 및 그로 인하여 예수 그리스도와의 친밀한 관계에 들어가게 되었음을 대단히 생기있고 단순하고 직접적인 말로 표현한다.

얼마 되지 않아 나는 예수기도가 그 자체의 행위에 의해 내 입술에서 마음으로 옮겨갔음을 느꼈습니다. 다시 말해서, 마치 내 심장이 고동칠 때마다 내 마음이 예수기도를 드리는 것처럼 느꼈습니다…나는 입으로 예수기도 드리던 일을 멈추고, 내 마음이 말하는 것에 귀를 기울였습니다. 내 두 눈도 내 마음 속을 들여다보는 것 같았습니다… 그 때 나는 마음 속으로 일종의 고통 같을 것을 느꼈으며, 내 생각 속에서 예수 그리스도를 향한 열렬한 사랑을 느꼈습니다. 나는 그 분의 발 앞에 엎드려 그 발을 얼싸안고 놓지 않으며 입을 맞추며, 나처럼 무가치하고 죄악된 인간으로 하여금 그분의 이름 안에서 그처럼 큰 위로를 발견하게 해주신 주님의 사랑과 은혜로 인해 눈물을 흘리며 감사하는 모습을 그려보았습니다. 내 마음에는 따뜻함이 밀려 왔으며, 그것이 내 온 가슴으로 퍼졌습니다.[9]

마음의 기도는 순례자에게 엄청난 기쁨 및 말로 형언할 수 없는 하나님 현존의 체험을 주었다. 이후부터 그는 어디를 가든지 누구를 만나든지 자기의 내면에 거하시는 하나님에 대해 말하지 않고는 견딜 수가 없었다. 그는 사람들을 회심시키려 하거나 그들의 행동을 변화시키려 하지는 않았다. 그럼에도 불구하고 그가 만나는 사람들은 그 자신 및 그의 말에 진지한 반응을 나타냈으며, 그들 자신의 생활 속에서 하나님을 재발견했다. 순례자는 자신의 죄를 고백하며 끊임없이 자비를 간구함으로써 자신이 하나님으로부터 멀리 떨어져 있음을 인식했기 때문에, 자신이 아주 친한 동료와 함께 이 세상을 여행하고 있다고 느꼈으며 다른 사람들에게도 그러한 생활에 동참하라고 권유했다.

정신을 마음 속에 두라

만일 우리가 이 러시아 농부의 감동적인 이야기를 읽으면서 19세기 낭만주의의 호소 이외의 것을 느끼지 못한다면, J. D. 샬린거(J. D. Salinger)의 소설에 등장하는 주인공 프라니와 주이처럼 정신적 혼란을 느낄 것이다.[10]

그러나 순례자의 이야기는 19세기에 러시아에 있었던 헤시카즘의 신비적 흐름에서 생겨난 하나의 작은 물결에 불과하다. 이 흐름이 얼마나 깊고 강한 것인지는 『기도의 기술』(The Art of Prayer)에 잘 드러난다. 이 책은 채리톤(Chariton of Valams)이 편집한 것으로서 마음의 기도에 관한 글들을 모아놓은 책이며, 토마스 머튼이 사랑하던 책들 중 하나이다. 이 책에서는 19세기 러시아 영성 작가들의 작품들, 특히 은둔자 테오판(Theophan) 감독의 작품들을 발췌 인용하고 있다. 이것은 신비 기도에 대한 훌륭한 기록이며, 우리의 내적 자아의 중심에서부터 하나님과 접촉하는 구체적인 방법 중 하나를 보여준다. 은둔자 테오판은 영적 안내를 청하는 어떤 사람에게 다음과 같이 말했다.

> 당신에게 단 한 가지를 말해 주겠습니다. 당신의 정신을 마음 속으로 가지고 내려가야 합니다. 그곳에서 영원히 현존하시며 당신의 내면에 있는 모든 것을 보시는 주님 앞에 서야 합니다. 마음 속에서 조그만 불길이 타오르기 시작할 때에 기도는 견고하고 확고하게 자리를 잡습니다. 이 불을 끄려 하지 마십시오. 그리하면 기도가 저절로 되풀이되며, 그리함으로써 당신은 자신의 내면 속에 조그만 속삭임의 흐름을 소유하게 될 것입니다.[11]

정신을 마음 속에 두고서 하나님의 현존 속에 서는 것,

이것이 곧 마음으로 드리는 기도의 정수이다. 테오판은 마음의 기도는 우리의 전 인격을 통합시키며 우리의 정신을 마음 속에, 지극히 엄위하고 사랑 가득한 하나님의 현존 속에 두게 한다는 것을 간결하게 표현하였다.

만일 기도가 정신의 지적 활동에 불과하다면, 우리는 곧 하나님과의 무익하고 쓸모 없는 내적 논쟁에 봉착하고 말 것이다. 반면에 만일 기도가 마음만을 포함한다면, 우리는 훌륭한 기도는 훌륭한 감정 안에 있다고 생각할 것이다. 그러나 가장 심오한 의미에서의 훌륭한 기도는 하나님의 사랑의 친밀함 속에서 정신과 마음을 통합한다.

순례자는 이 기도에 대해 이야기하면서 매력적이고 소박한 방법으로 그 시대의 영적 교부들의 심오한 지혜를 표현하였다.

> "주 예수 그리스도시여, 나를 불쌍히 여기옵소서"라는 짧은 말은 모든 기도를 강력하게 요약하고 있다. 그것은 우리를 위해 사셨고, 우리를 위해 죽으셨고, 우리를 위해 부활하신 하나님의 아들 예수께 드리는 기도이다. 그것은 그분이 그리스도, 곧 기름부음을 받은 자, 메시아, 우리가 기다렸던 분이심을 선포한다. 그것은 그분을 우리의 주, 우리의 몸, 정신, 생각, 감정, 행동 등 모든 것의 주라고 말한다. 또 우리 자신의 죄악됨을 고백함으로써, 그리고 겸손하게 용서와 자비와 긍휼과 사랑과 인자를 구함으로써 예수와 우리의 심오한 관계를 공언한다.[12]

마음의 기도는 현대 기독교인들이 하나님과의 친밀한 관계를 구하는 데 있어서 특별한 안내자가 될 수 있다. 우리는 급속히 변화하는 세상에서 방랑하는 이방인처럼 느끼는 일이 많다. 그러나 우리는 이 세상에서 도망치기를 원하지는 않으며, 이 세상에 속해 있기를 원한다. 그러면서도 이 세상의 거친 물결에 휩싸여 익사하는 것은 원치 않는다.

우리는 내적 분열로 인해 마비되지 않고서 주위에서 발생하는 모든 일을 민감하게 받아들이기를 원한다. 우리는 눈물의 골짜기를 눈을 뜨고서 통과하는 동안 우리를 새 땅으로 부르시는 분과의 접촉을 잃지 않기를 원한다. 우리는 도중에 만나는 사람들, 머물 곳을 청하는 사람들에게 긍휼하게 반응하면서 하나님의 친밀한 사랑 안에 견고히 뿌리를 두기를 원한다.

마음의 기도는 우리가 행할 수 있는 한 가지 방법을 보여준다. 그것은 날마다 만나게 되는 많은 파도 밑을 계속 흐르며 속삭이는 시냇물과 같으며, 이 세상에 살면서도 이 세상에 속하지 않으며, 우리의 독거의 중심에서 하나님과 접촉할 수 있는 가능성을 열어 준다.

여행 중에도 집에서처럼 평안한 마음을 지니라

마음의 기도를 드리는 데 있어서 가장 필요한 일은 하나님만을 생각하는 것이다. 이것은 우리가 모든 산만한 것, 염려, 근심, 선입관 등을 버리고, 우리의 정신을 오직 하나님으로만 가득 채우는 것을 의미한다. 예수 기도를 비롯한 여러 형태의 기도는 우리의 정신에서 하나님이 아닌 것들을 모조리 비우며 모든 빈 곳을 하나님께만 바치도록 도와주려는 의도를 가지고 있다.

그러나 그것만으로는 부족하다. 우리의 내적 존재의 중심 안에 하나님으로 충만한 정신이 내려와 사라질 수 있는 곳, 생각과 감정, 지식과 경험, 사상과 감정 사이의 구분을 초월한 곳, 하나님만이 우리를 맞아주는 주인이 될 수 있는 공간을 배정할 때에 우리의 기도는 마음의 기도가 될 수 있다.

예수께서는 "하나님의 나라는 너희 안에 있느니라"(눅 17:21)고 말씀하셨다. 마음의 기도를 드리려면 이 말씀에 특히 주목해야 한다. 우리의 정신에서 모든 생각을 비우고, 마음에서 모든 경험을 비울 때에 우리는 자신의 내면의 중심을 하나님—하나님은 우리 안에 거하기를 원하신다—의 처소로 예비할 수 있다. 그렇게 될 때, 우리도 사도 바울처럼 "그런즉 이제는 내가 산 것이 아니요 오직 내 안에 그리스도께서 사신 것이라"(갈 2:20)고 말할 수 있으며, "은혜란 경험들로부터 구원받는 경험이다"라는 루터의 말을 확언할 수 있다. 그렇게 되면 우리는 우리가 기도하는 것이 아니라 성령께서 우리 안에서 기도하시는 것임을 깨달을 수 있다.

초대 시대의 어느 교부는 이렇게 말했다.

> 도둑이 물건을 훔치려고 어느 집 담을 넘으려 할 때에 집 안에서 사람의 말소리가 들리면 그 집에 들어가지 않는다. 마찬가지로 우리의 영혼 안에 들어와 영혼을 훔치려 하는 원수들은 우리 주위를 기어 다니지만, 마음에서 솟아나는 기도 소리를 들으면 두려워서 들어오지 못한다.[13]

우리의 마음이 하나님께 속해 있을 때에는 세상과 그 권세들이 우리의 마음을 훔쳐 가지 못한다. 하나님께서 우리 마음의 주가 되시면, 우리의 근본적 소외가 극복되므로 우리도 시편 기자처럼 기도할 수 있다.

> 주께서 내 장부를 지으시며
> 나의 모태에서 나를 조직하셨나이다

> 내가 주께 감사하오옴은 나를 지으심이 신묘 막측하심이라
> 주의 행사가 기이함을 내 영혼이 잘 아나이다.(시 139:13-14)

하나님께서 우리의 목자요 피난처요 요새가 되실 때에 우리는 파괴된 세상의 한복판에서 하나님과 접촉할 수 있으며, 인생길을 가는 동안에도 집에서처럼 평안함을 느낄 수 있다. 하나님께서 우리 안에 거하실 때, 우리는 하나님께서 예비하신 집으로 우리를 인도하실 날을 기다리면서 말없이 하나님과 대화를 할 수 있다(요 14:2). 그 때에 우리는 이미 도착하였어도 기다릴 수 있으며, 이미 받았으면서도 요청할 수 있다. 그 때에 우리는 사도 바울의 말로 서로 위로할 수 있다.

> 아무 것도 염려하지 말고 오직 모든 일에 기도와 간구로 너희 구할 것을 감사함으로 하나님께 아뢰라 그리하면 모든 지각에 뛰어난 하나님의 평강이 그리스도 예수 안에서 너희 마음과 생각을 지키시리라.(빌 4:6-7)

9
공동체와 기도

다볼 산과 겟세마네 동산

망상을 버리고 기도하려면 거짓된 유대 관계로부터의 점진적인 이탈, 그리고 선한 것을 주시는 분께 굴복하는 일이 필요하다. 안전한 곳에서 미지의 곳으로 움직이려면 용기가 필요하다. 비록 안전한 곳이 제공하는 안전이 거짓된 것이며 미지의 처소가 우리에게 하나님과의 교제를 약속한다는 것을 알고 있더라도, 미지의 처소를 향해 떠나는 데에는 용기가 필요하다. 친숙한 것들을 포기하고 우리의 정신적 이해를 초월하시는 분을 향하여 두 팔을 벌리고 나아간다는 것은 우리를 대단히 약하게 만든다는 것을 우리는 잘 알고 있다.

우리 자신의 망상들을 붙들고 놓지 않으면 우리의 삶은 끝이 잘린 삶이 되지만 사랑에 복종하면 십자가로 인도된다. 예수의 길은 사랑의 길이며, 동시에 고난의 길이었다. 예수님은 베드로에게 이렇게 말씀하셨다.

> 내가 진실로 진실로 네게 이르노니 젊어서는 네가 스스로 띠 띠고 원하는 곳으로 다녔거니와 늙어서는 네 팔을 벌

리리니 남이 네게 띠 띠우고 원치 아니하는 곳으로 데려 가리라.(요 21:18)

우리가 망상적인 극기를 포기하며 하나님을 향해 손을 내밀 수 있다는 것은 영적으로 성숙한 증거이다. 그러나 하나님께 손을 내미는 것 자체가 우리를 고통과 고난에서 자유롭게 해줄 것이라고 믿는 것도 역시 망상이다. 종종 하나님께 손을 내밀면 우리는 자신이 원치 않는 곳으로 인도되어 가기도 한다. 그러나 그곳으로 가지 않는 한 우리의 생명을 발견하지 못한다는 것을 우리는 알고 있다. 예수께서는 "누구든지 나를 위하여 제 목숨을 잃으면 찾으리라"(마 16:25)고 말씀하시면서, 사랑은 고통 속에서 정화된다는 것을 상기시키셨다.

기도는 결코 달콤하고 쉬운 것이 아니다. 기도는 지극한 사랑의 표현이기 때문에 우리는 고통을 면하게 되지 않으며, 오히려 그것은 우리로 하여금 더 많은 고난을 당하게 만든다. 왜냐하면 하나님을 향한 우리의 사랑은 고통하시는 하나님을 향한 사랑이며, 우리가 하나님의 친밀함에 들어가는 것은 모든 인간의 고난이 하나님의 긍휼 안에 포용되는 친밀함으로 들어가는 것이기 때문이다.

우리의 기도가 마음의 기도가 되기까지 우리는 더욱 더 사랑하고 더 많은 고난을 당할 것이며, 더 많은 빛과 더 많은 어두움을 볼 것이며, 더 많은 은혜와 더 많은 죄를 볼 것이며, 하나님과 인간에 대해서 더 많은 것을 깨닫게 될 것이다. 우리가 마음 속으로 내려가 그곳에서 하나님과 접촉하게 되면, 독거는 독거에게 말하고, 깊음은 깊음에게 말하며, 마음은 마음에게 말할 수 있다. 그곳에서는 사랑과 고통이 함께 발견된다.

예수께서는 베드로와 요한과 야고보에게 자신의 극히 개인적인 기도에 동참하라고 두 번 권하셨다. 한번은 예수께서 그들을 데리고 다볼 산으로 올라가셨는데, 그곳에서 그들은 예수의 얼굴이 해처럼 빛나며 그의 옷이 빛처럼 희게 변한 것을 보았다(마 17:2). 또 한번 예수께서는 그들을 데리고 겟세마네 동산으로 가셨다. 그곳에서 그들은 주님의 고민하는 얼굴, 그리고 땀이 핏방울처럼 땅에 떨어지는 것을 보았다(눅 22:44). 마음의 기도는 우리를 다볼 산과 겟세마네 동산으로 데려간다. 우리는 영광 중에 계신 하나님을 볼 때 비참함 속에 계신 그분을 볼 것이며, 그의 굴욕에서 추함을 느낄 때에 변용의 아름다움을 경험할 것이다.

헤시카스트들은 항상 기도가 가지고 있는 이 두 가지 떼어 놓을 수 없는 양상을 의식했다. 그들은 기도 속에서 이탈을 강조하면서도, 기도의 절정을 시내 산에서 모세의 얼굴이 빛난 것, 다볼 산에서 예수의 모습이 변화된 것으로 비유한다. 은둔자 테오판은 다음과 같이 기록했다.

> 뉘우친 사람은 주님을 향하여 나아간다. 하나님께로 가는 길은 정신과 마음 속에서 이루어지는 내적 여행이다. 그러므로 정신적인 생각과 마음의 성향을 조율하여 인간의 영이 주님과 결합된 것처럼 항상 주님과 함께 거하게 되어야 한다. 이렇게 조율된 사람은 항상 내적 빛의 조명을 받으며, 시내산에서 하나님의 조명하심을 받아 얼굴이 영광스럽게 된 모세처럼 신령한 빛을 받는다.[1]

하나님을 기대하면서 인내하며 기다리는 것이 영성 생활의 기초이다. 그러나 이 기다림은 기쁨으로 충만한 기다림이다. 왜냐하면 기도 속에서 우리는 우리가 기다리고 있는 분의 영광을 보기 때문이다.

신앙의 공동체

지금까지 기도에 대해 말한 것들로 인해 기도란 개인적이고 사적이고 은밀한 일이라는 그릇된 인상, 너무나 개인적이며 내면에 감추인 것이기 때문에 기도에 대해서는 거의 말할 수가 없고 기도에 동참할 수 없다는 그릇된 인상을 줄 수도 있을 것이다. 그러나 실상은 그 반대이다.

기도는 개인적이요 우리 생활의 중심에서부터 솟아 오르는 것이기 때문에 다른 사람들과 공유해야 한다. 기도는 가장 귀중한 인간다움의 표현이므로, 그것이 성장하여 꽃을 피우려면 공동체의 지원과 보호가 필요하다. 기도는 세심한 관심과 성실한 인내를 필요로 하는 가장 고귀한 소명이므로 그것을 개인적인 일로만 간주할 수는 없다. 기도는 기대감 속에서 인내하면서 기다릴 것을 요청하기 때문에, 개인적인 감정의 개인적인 표현이 될 수 없으며, 항상 우리가 속해 있는 공동체의 생활 속에 뿌리를 두어야 한다.

희망과 기쁨 속에서 하나님을 기다리는 것을 기도라고 할 때, 우리가 홀로 기다릴 필요가 없다는 것을 깨닫지 못하는 한 기도는 진정으로 비인간적인 것, 혹은 초인적인 과업이 된다.

우리는 신앙 공동체 속에서 우리의 기도를 지탱해 주고 깊게 해줄 지원과 분위기를 발견할 수 있으며, 자신의 즉흥적이고 편협한 개인적인 욕구들을 초월하여 앞을 내다볼 수 있다. 신앙의 공동체는 우리를 보호해 주는 울타리가 된다. 우리는 그 울타리 안에서 자신의 병적인 자기 관찰에 몰입하기 위해서가 아니라 우리의 가장 심오한 갈망의 대상인 하나님을 발견하기 위해서 자신의 가장 심오한 갈망에 귀를 기울일 수 있다.

우리는 신앙의 공동체 안에서 자신의 고독감, 포옹하고 입맞추고 싶은 욕망, 성적 충동, 동정이나 연민이나 좋은 말을 듣고자 하는 욕망 등에 귀를 기울일 수 있다. 또 통찰력 추구, 우정과 동반을 기대하는 희망 등에도 귀를 기울일 수 있다.

우리는 신앙의 공동체 안에서 이 모든 갈망에 귀를 기울이며, 그것들을 덮거나 피하지 않고 대면하여 그것들의 한복판에서 하나님의 임재를 식별해 내려는 용기를 발견할 수 있다. 그곳에서 우리는 기다림 속에서 하나님과의 최초의 교제가 발견된다는 인식 속에서 서로에게 증거할 수 있다. 그곳에서 우리는 인내하며 함께 거할 수 있으며, 날마다 당하는 고난들을 통해 자신의 망상을 상한 마음으로 뉘우치는 기도로 전환할 수 있다. 신앙의 공동체야말로 모든 기도의 원천이요 기도할 수 있는 환경이다.

하나님께서 조성하신 사람들

일반적으로 "공동체"라는 단어는 함께 거하여 소속감을 주는 방법을 언급한다. 흔히 학생들은 학교에서 공동체 의식을 느끼지 못한다고 불평하며, 목사들과 사제들은 자기 교구에서 어떻게 하면 보다 훌륭한 공동체를 만들 수 있을지 연구하며, 현대 생활의 소외시키는 영향에 압도된 사회사업가들은 자신이 일하고 있는 곳에 공동체를 형성하려고 노력한다. 이러한 상황들 속에서 공동체라는 단어는 통합의 방법을 가리키는 것으로서 그것에 의해 사람들이 각기 자신을 커다란 집단의 의미있는 일원으로 체험할 수 있다.

기독교 공동체에 대해서도 같은 말을 할 수 있다. 그러나 기독교 공동체는 기다리는 공동체, 즉 소속감을 만들어 줄 뿐 아니라 소외감도 만들어 내는 공동체라는 것을 기억해야 한다. 기독교 공동체에서는 서로에게 "우리는 함께 있지만 서로를 완성시킬 수는 없다…우리는 서로 돕지만 동시에 우리의 운명은 우리가 함께 있음을 초월하는 것임을 서로에게 상기시켜 주어야만 한다"고 말한다. 기독교 공동체에서의 지원은 공통된 기대감에서 비롯된 지원이다. 그것은 그 공동체를 안전한 피난처나 기분 좋은 도당으로 만들려는 사람들에 대한 끊임 없는 비판, 그리고 장차 임할 것을 기대하라는 끊임없는 격려를 필요로 한다. 기독교 공동체의 기초는 가족적 유대, 사회적이거나 경제적 동등함, 혹은 공동으로 당하는 억압, 공통적으로 느끼는 불평, 상호 간의 매력 등이 아니라 하나님의 소명이다.

기독교 공동체는 인간적 노력의 결과로 생겨나는 것이 아니다. 하나님께서는 우리를 애굽에서 새 땅으로, 사막에서 비옥한 땅으로, 종살이에서 자유로, 죄에서 구원으로, 포로 상태에서 해방으로 불러 내심으로써 자기 백성으로 만드셨다. 이 모든 단어들과 이미지들은 하나님께서 주도권을 가지고 계시며, 또한 우리가 함께 누리는 새 생명의 원천이심을 표현한다. 우리는 새 예루살렘으로 오라는 공통된 소명에 의해서 도중에서 만나는 사람들을 형제 자매로 알아본다. 그러므로 하나님의 백성인 우리는 옛 세상에서 나와 새 세상으로 들어오라는 부름을 받은 공동체라고 불린다.

오늘날 소외의 사슬을 부수려는 우리의 욕망이 대단히

강하기 때문에, 공동체의 일원으로서의 우리는 본래 서로를 위한 것이 아니라 하나님을 위한 존재임을 상대방에게 상기시키는 일이 매우 중요하다. 우리는 시선을 상대방에게 두지 말고 우리 생존의 수평선 위로 떠오르는 것을 향해야 한다. 우리는 동일한 소명을 좇음으로써, 그리고 동일한 것을 구하는 일에 있어서 서로를 도움으로써 서로를 발견한다. 그러므로 기독교 공동체는 서로를 포옹하는 폐쇄적인 사람들의 모임이 아니라 관심을 요청하는 동일한 음성에 의해 결속된 전진적인 동료들의 집단이라고 할 수 있다.

대도시에 사는 우리들은 자신의 "파고(波高)를 기준으로 하여 작은 공동체들을 구성하려 한다. 기도회, 성경 연구회, 가정 교회 등은 모두 우리가 하나님의 백성에 속해 있다는 의식을 회복시키고 심화시키는 방법이다. 그러나 때때로 같은 취지를 갖기는 했지만, 그것이 그릇된 것일 때 우리의 공동체 의식은 편협한 것이 될 수도 있다. 우리는 반드시 예수 그리스도의 정신을 가져야 한다. 그러나 교사, 목수, 은행원, 국회 의원, 혹은 사회 경제적이거나 정치적 집단의 정신은 반드시 필요한 것은 아니다. 옛날의 종탑에는 각기 다른 배경을 지닌 사람들로 하여금 자신의 가정을 떠나 예수 그리스도 안에서 한 몸이 되라고 부르는 커다란 지혜가 숨겨져 있었다. 우리는 개인적인 차이점들을 초월함으로써 가난한 자와 부자, 건강한 사람이나 병든 자 모두에게 빛을 비추시는 하나님의 증인이 될 수 있다. 또 이처럼 하나님께로 나아가는 길에서의 만남 속에서 우리는 이웃의 궁핍함을 깨닫고 서로의 상처를 고쳐 주기 시작한다.

지난 몇 년 동안 나는 정기적으로 모임을 갖는 조그만

학생들의 모임에 참여했었다. 우리는 서로 편안함을 느꼈으며 "우리 나름대로의 방법"을 발견해 냈었다. 우리가 부르는 찬송, 사용하는 용어, 서로 교환하는 인사 등 모든 것이 지극히 자연스럽고 자발적인 것처럼 보였다. 그러나 몇 명의 학생이 새로 우리 모임에 가입했을 때, 우리는 그들이 우리가 사용해왔던 방법을 그대로 따르기를 기대하고 있다는 것을 발견했다. 우리는 자신이 배타적인 사람이 되었다는 사실을 인정하고서, 우리의 정신을 예수 그리스도의 정신으로 대체해야 했다. 그러나 새로 공동 기도가 가능하게 하기 위해서 우리에게 친숙한 방법들을 포기하고 새로운 회원들을 위한 공간을 만든다는 것은 무척 어려운 일이었다.

교회를 전진하는 "순례자 교회"라고 부르기도 하는데, 그렇게 부르는 데에는 이유가 있다. 그러나 안락한 오아시스에 정착하고픈 유혹이 너무 강해서 그 유혹에 저항하지 못하고 신적 소명을 망각하며 일치가 파괴되는 일도 종종 있다. 그런 때에는 개개인들이 아니라 전체 집단이 안전에 대한 망상에 사로잡히며, 기도는 한 당파의 일로 전락하고 만다.

그렇기 때문에 당대의 여러 집단에서 계발하여 사용하는 사상, 개념, 기술 등을 기독교 공동체에 대한 고려 없이 서로 바꾸어 사용해서는 안된다. 우리가 이상적인 기독교 공동체를 "행복한 가정" "대단히 민감한 사람들의 집단" 혹은 "압력 집단" 등으로 규정하는 것은 단지 부차적이고 일시적인 특성에 대해서만 이야기하는 것이다. 기독교 공동체 내의 여러 형태의 집단 생활에서 파생된 행동 양식이나 기술들을 합병하는 것이 도움이 될 수도 있을 것이다.

이러한 시도를 할 때에는 하나님께서 조성하신 백성들이라는 기독교 공동체에 대한 이해에 도움이 되도록 해야만 한다. 사람들 상호간의 과정들, 지도력의 형태, 집단에 대한 심리학적 연구 및 사회학적 연구에 의해 인정된 전략들이 기독교 공동체의 삶을 이해하는 데 있어서 새로운 통찰을 제공할 수 있다. 그러나 기독교 공동체의 독특한 본질은 이러한 발견물들의 제한된 적용 가능성을 끊임없이 의식할 것을 요구한다. 기독교 공동체는 그리스도의 초림과 재림 사이에서 살면서 하나님께서 가장 중요한 분이 되실 때를 기대하며 인내하며 기다리는 데에서 그 의미를 발견한다. 신앙 공동체는 항상 그 자체를 초월한 것을 가리키며 자신의 독특한 언어, 즉 기도라는 언어를 사용한다.

신앙 공동체의 언어

기도는 기독교 공동체가 사용하는 언어이다. 기도 안에서 그 공동체의 본질이 눈에 보이게 된다. 왜냐하면 우리는 기도 속에서 그 공동체를 구성하는 다른 사람을 향하기 때문이다. 우리는 서로에게 기도하는 것이 아니라 우리를 부르시고 새 백성으로 만들어 주신 하나님께 함께 기도한다. 기도는 기독교 공동체가 행하는 많은 일들 중의 하나가 아니라 가장 중심되는 일이다. 기도에 대한 많은 토론에서는 이 점을 진지하게 다루지 못하고 있다.

때로 기독교 공동체가 여러 가지 사업과 계획으로 너무나 바빠서 기도할 시간과 마음을 전혀 갖지 못하는 것처럼 보이기도 한다. 기도가 우선적인 관심사가 되지 못할 때, 공동체에서 행하는 많은 활동들이 기도의 일부가 되지 못할 때, 공동체는 공동의 뜻은 가졌지만 공동의 소명을 갖지 못한 집단으로 전락한다. 기독교 공동체는 기도에 의해 표현될 뿐만 아니라 기도에 의해 구성된다. 무엇보다도 기도는 자기 백성들 가운데 거하시는 하나님의 임재를 인식하는 것이며, 그러므로 공동체 자체를 인식하는 것이다.

이 공동체가 사용하는 말과 몸짓과 침묵은 대단히 뚜렷하고 눈에 뜨인다. 말씀에 귀를 기울일 때, 우리는 하나님의 구원 사역에 대한 통찰을 얻을 뿐만 아니라 상호간의 새로운 결속을 체험한다. 우리가 떡을 먹고 포도주를 마시며 무릎을 꿇고 묵상할 때, 우리는 인간의 역사 안에 나타난 하나님의 사역을 기념할 뿐만 아니라 지금 이 시간에 나타난 하나님의 창조적 임재를 의식하게 된다. 우리가 함께 앉아 고요히 기도할 때, 엘리야가 동굴 입구에 서 있을 때에 하나님께서 그를 만지셨던 것처럼, 우리가 기다리는 분이 이미 우리를 만지고 계시다는 것을 감지할 수 있는 공간을 만든다(왕상 19:13).

그러나 동일한 말과 몸짓과 침묵이 공동체가 기다리고 있는 대상과 접촉하기 위해 사용하는 방법이 되기도 한다. 우리가 사용하는 말은 동경의 말이다. 우리가 성찬에 참여하여 떼는 떡과 포도주는 우리로 하여금 자신의 심오한 내적 굶주림과 갈증을 의식하게 하며, 침묵은 우리를 부르시는 하나님의 음성을 감지하는 우리의 감성을 깊게 해준다.

그러므로 기독교 공동체의 기도는 하나님의 집에 도달하지 못했다는 것과 도달하고픈 갈망의 표현이기도 하다. 이와 같이 기도하는 공동체는 하나님의 임재를 기다리면서 동시에 기념하며, 하나님께서 이미 그 공동체 안에 와 계시다는 것을 의식하면서도 하나님의 부재를 확언한다.

그러므로 하나님의 임재는 희망의 상징이요, 하나님의 부재는 참회하라는 부르심이다.

공동체가 사용하는 언어인 기도는 우리의 모국어와 흡사하다. 어린 아이가 부모, 형제, 자매, 친구들에게서 말을 배우지만 자기 나름대로 독특한 표현 방법을 계발하듯이, 우리 각 사람의 기도 생활도 기도 공동체의 보살핌에 의해서 발달한다. 때로 "우리의 공동체"라고 부를 수 있는 특수한 조직적 구조를 지적하기 어려운 때도 있다.

우리의 공동체는 산 자와 죽은 자, 현존하는 사람과 부재하는 사람, 가까운 곳에 있는 사람과 멀리 있는 사람들, 젊은 이들과 늙은 이들로 구성된 대단히 파악하기 어려운 실체이다. 그러나 공동체라는 틀이 없다면, 개인의 기도가 존재하거나 발달하지 못한다. 공동 기도와 개인 기도는 맞잡은 두 손과 같다. 공동체가 없으면 개인의 기도는 이기적이고 괴이한 행동으로 전락하기 쉽다. 반면에 개인 기도가 없다면, 공동체의 기도는 상투적인 것이 되기 쉽다. 개인적인 기도와 공동체의 기도를 분리하면 해를 입는다.

바로 이런 이유 때문에 영적 지도자들은 홀로 고립하여 지내려는 사람들에 대해 비판적이며 개인적인 기도를 안내해줄 수 있는 커다란 공동체와의 계속적인 유대를 갖는 것을 중시한다. 그렇기 때문에 이러한 지도자들은 항상 자기 공동체의 회원들 각자에게 개인적인 기도에 시간과 정력을 기울이라고 조언해주며, 공동체만으로는 인간과 그의 하나님과의 친밀하고 독특한 관계를 원하는 갈망을 충족시킬 수 없다는 것을 깨닫는다.

마지막 날이 이르기까지

마음의 기도는 신앙 공동체의 울타리 안에서 자라 강해지고 깊어진다. 사랑 안에서 개인들의 기도에 의해 튼튼하게 되는 신앙 공동체는 공동 찬양과 감사 속에서 희망의 표시로 하나님께 기도할 수 있다. 우리는 각기 자신에게 지극히 개인적인 탐색을 위한 공간을 제공하는 동시에 우리가 지니고 있는 많은 개인적인 제한들을 초월하여 하나님과 접촉할 수 있다. 우리는 국적이 다르고 피부색이 다르고 역사가 다르고 성품이 다르고 원하는 것이 다른 사람들이지만 하나님께서는 우리 모두를 망상의 어두움에서 하나님의 영광의 빛 속으로 불러내 주셨다.

이 공동의 소명은 우리 세상을 겟세마네와 다볼 산이 동시에 존재할 수 있는 곳으로, 우리의 시대를 마지막 날을 인내하며 즐거운 마음으로 기다리는 시대로, 우리를 각 사람의 형제 자매로 변화시킨다. 사도 바울을 우리에게 이 공동의 소명을 성실하게 지키라고 권면하면서 다음과 같이 말했다.

주의 날이 밤에 도적같이 이를 줄을 너희 자신이 자세히 앎이라…형제들아 너희는 어두움에 있지 아니하매 그 날이 도적 같이 너희에게 임하지 못하리니 너희는 다 빛의 아들이요 낮의 아들이라 우리가 밤이나 어두움에 속하지 아니하나니 그러므로 우리는 다른 이들과 같이 자지 말고 오직 깨어 근신할지라…우리는 낮에 속하였으니 근신하여 믿음과 사랑의 흉배를 붙이고 구원의 소망의 투구를 쓰자 하나님이 우리를 세우심은…오직 우리 주 예수 그리스도로 말미암아 구원을 얻게 하신 것이라 예수께서 우리를 위하여 죽으사 우리로 하여금 깨든지 자든지 자기와 함께 살게 하려 하셨느니라 그러므로 피차 권면하고 피차

덕을 세우기를 너희가 하는 것 같이 하라.(살전 5:2-11)

　우리가 공동적으로나 개인적으로 하나님을 향하며 우리를 사로잡고 있는 망상들을 버릴 때, 우리는 주께서 재림하실 날을 기다리면서 주님과 친밀한 연합에 들어갈 수 있다. 그 때에 옛 순례자의 말이 우리의 말이 될 것이다.

　　내가 산을 향하여 눈을 들리라
　　나의 도움이 어디서 올꼬
　　나의 도움이
　　천지를 지으신 여호와에게서로다
　　여호와께서 너로 실족지 않게 하시며
　　너를 지키시는 자가 졸지 아니하시리로다
　　이스라엘을 지키시는 자는
　　졸지도 아니하고 주무시지도 아니하시리로다
　　여호와는 너를 지키시는 자라
　　여호와께서 네 우편에서 네 그늘이 되시나니
　　낮의 해가 너를 상치 아니하며
　　밤의 달도 너를 해치 아니하리로다
　　여호와께서 너를 지켜 모든 환난을 면케 하시며
　　또 네 영혼을 지키시리로다
　　여호와께서 너의 출입을
　　지금부터 영원까지 지키시리로라(시 121)

끝맺는 말

예수께서는 잡히시던 날 밤에 제자들에게 이렇게 말씀하셨다.

> "조금 있으면 너희가 나를 보지 못하겠고 또 조금 있으면 나를 보리라…내가 진실로 진실로 너희에게 이르노니 너희는 곡하고 애통하리니 세상이 기뻐하리라 너희는 근심하겠으나 너희 근심이 도리어 기쁨이 되리라…지금은 너희가 근심하나 내가 다시 너희를 보리니 너희 마음이 기쁠 것이요 너희 기쁨을 빼앗을 자가 없느니라."(요 16:16-22)

우리는 슬픔과 애통이 가득찬 시대에 잠시 살고 있다. 이 짧은 일생을 예수 그리스도의 정신으로 산다는 것은 고통 속에서 하나님을 향하며, 우리가 접할 수 있는 범위 안에 임하시는 그분의 사랑에 의해 그 고통들을 기쁨으로 전환시키는 것을 의미한다.

우리 자신의 고독과 적개심과 망상들을 부인하거나 피할 필요는 없다. 우리가 이러한 실체들에게 충분한 관심을 기울이고 이해하고 인정할 때, 그것들은 서서히 독거와 환대와 기도로 전환될 수 있다. 이것은 성숙한 영성 생활이란 망상으로 가득하고 고독하고 적대적이었던 우리의 옛 자아가 사라지며, 우리가 평화로운 정신과 순수한 마음을 가지고 완전히 평온한 생활을 할 수 있게 되다는 의미가 아니다.

우리가 장성한 어른이 된 후의 생활에는 젊은 시절에 노력한 흔적이 나타나듯이, 우리의 독거에도 우리가 겪어야 했던 고독한 시간들의 흔적이 담겨 있으며, 이웃을 향한 우리의 보살핌에는 노한 감정들이 반영되는 일이 때로 있다. 또 우리의 기도에도 때로는 많은 환상들이 현존하고 있거나 그것들에 대한 기억을 드러내기도 한다. 그러나 사랑 안에서 변화되면, 예수님의 옆구리 상처가 의심하는 도마에게 희망을 주었듯이, 이러한 고통스러운 표적들은 희망의 표적들이 된다.

하나님께서 분투하는 우리와 접촉하시어 우리 안에 영원히 하나님과 연합하고픈 타는 듯한 갈망을 심어 주시면, 우리는 용기와 확신을 가지고 그의 길을 예비하며, 우리와 같은 생활을 하는 모든 사람들에게 이 짧은 세상을 사는 동안 완전한 기쁨의 날을 기다리며 살아가자고 권유할 수 있다. 이처럼 새로운 용기와 새로운 확신을 가질 때, 우리는 바울이 디도에게 해준 희망의 말로 서로를 격려해 줄 수 있다.

> "모든 사람에게 구원을 주시는 하나님의 은혜가 나타나 우리를 양육하시되 경건치 않은 것과 이 세상 정욕을 다 버리고 근신함과 의로움과 경건함으로 이 세상에 살고 복스러운 소망과 우리의 크신 하나님 구주 예수 그리스도의 영광이 나타나심을 기다리게 하셨으니"(딛 2:11-13)

머리말

1) John Climacus, *The Ladder of Divine Ascent,* trans., by Lazarus Moore(New York: Harper, 1959), p. 203.

제1장

1) *Walden and Other Writings*(New York: Modern Library, 1937, 1950), pp. 723-24.
2) *The Prophet* (New York: Alfred A. Knopf, 1951), pp. 15-16.
3) *Zen Flesh, Bones,* comp. by Paul Reps(Garden City, N.Y.: Doubleday, Anchor Books, 1961), pp. 30-31.

제2장

1) *Letter to a Young Poet* (New York: Norton, 1953), pp. 18-19.
2) *Letter to a Young Poet* (New York: Norton, 1954), pp. 34-35.
3) Ibid., pp. 46-47.
4) Ibid., pp. 46-47.
5) *Gift from the Sea,* Anne Morrow Lindbergh(New York: Pantheon Books, 1955), p. 40.
6) *The Sign Jonas* (Garden City, N.Y.: Doubleday, Image Books, 1956), p. 261.
7) *Conjectures of a Gulity Bystander* (Garden City, N. Y.: Doubleday, Image Books, 1968), pp. 157-58.
8) *Letter to a Young Poet* , p. 59.
9) *Gift from the Sea*, p. 40.

10) *The Prophet*, P. 50.

제3장

1) *The Signs of Jonas,* p. 323.
2) *Contemplation in a World of Action* (Garden City, N. Y.: Doubleday, Image Books, 1973), p. 161.
3) Ibid., p. 165.

제4장

1) Walden, p. 65.
2) *Contemplation in a World of Action* (Garden City, N. Y.: Doubleday, Image Books, 1973), p. 161.
3) *Contemplation in a World of Action* (Garden City, N. Y.: Doubleday, Image Books, 1973), p. 165.

제6장

1) *Poverty of Spirit* (New York: Newman Press, 1960) p.45.

제7장

1) Regulae Breviter Tractatae, 296, II, 2. 742C. J.E. Bamberger, "MNHMH—DLATHESIS, The Psychic Dynamism in the Ascetical Theology of St. Basil," *Orientalia Christiana Pariodica*, Vol. XXXIV, Fasc. II, 1968을 보라.
2) *The Art of Prayer*, comp. by Khariton(London: Faber and Faber, 1966), p. 119.
3) *New Seeds of Contemplation* (New York: New Directions, 1961), p. 159.
4) *First and Last Notebooks* (New York; Oxford, 1970), p.99.

제8장

1) *Confession of St. Augustine, trans.* by F. J. Sheed(New York: Sheed and Ward, 1943), p. 187.
2) *The Way of a Philgrim,* trans. from Russian by R. M. French(New York: Seabury Press, 1965).

3) Introduction, *The Art of Prayer*, p.9.
4) *The Way of a Philgrim,* p. 10.
5) Ibid., p. 16.
6) *The Way of a Philgrim,* p. 17-18.
7) Ibid., p. 18.
8) *The Way of a Philgrim,* p. 19.
9) Ibid., p. 19-20.
10) *Franny and Zooey* (Boston: Littie, Brown, 1961).
11) *The Art of Prayer,* p. 110.
12) Anthony Bloom, *Living Prayer* (Springfield, Ill.: Templegate, 1966); *Beginning to Pray* (New York: Paulist Press, 1970); *Courage to Pray* (New York: Paulist Press, 1973)을 보라.
13) *The Art of Prayer*, p. 110.

제9장

1) *The Art of Prayer,* p. 73.